小·学生活
N次方

刘婵娟 谈力群 石峻 著

安徽师范大学出版社
ANHUI NORMAL UNIVERSITY PRESS
·芜湖·

U0746797

图书在版编目（CIP）数据

小学生活N次方 / 刘婵娟, 谈力群, 石峻著. — 芜湖：安徽师范大学出版社，2023.1

ISBN 978-7-5676-5530-0

Ⅰ.①小… Ⅱ.①刘… ②谈… ③石… Ⅲ.①小学生－学生生活 Ⅳ.①G625.5

中国版本图书馆CIP数据核字(2021)第281456号

小学生活N次方

XIAOXUE SHENGHUO N CI FANG

刘婵娟　谈力群　石峻　著

责任编辑：刘　翠

责任校对：晋雅雯

装帧设计：张　玲

责任印制：桑国磊

出版发行：安徽师范大学出版社

　　　　　安徽省芜湖市北京东路1号安徽师范大学赭山校区

网　　址：http://www.ahnupress.com/

发 行 部：0553-3883578　5910327　5910310(传真)

印　　刷：广东虎彩云印刷有限公司

版　　次：2023年1月第1版

印　　次：2023年1月第1次印刷

规　　格：700 mm×1000 mm　1/16

印　　张：11

字　　数：146千字

书　　号：ISBN 978-7-5676-5530-0

定　　价：54.00元

凡发现图书有质量问题,请与我社联系(**联系电话:**0553-5910315)

前　言

　　"小学生活N次方"是以"立德树人"为学校教育之魂，以培育和践行社会主义核心价值观为向导，以"动手实践、生活自理、劳动精神"为重点，基于学校办学理念与课程理念，围绕"培养德智体美劳全面发展的学生"的育人目标而创设的一门学校特色课程。课程研发始于2010年，具有综合性、实践性、开放性、针对性，它不是生活知识与技能的简单叠加，而是生活能力与素养的无限扩展，是学校教育系列课程之一。当下，一些学生生活自理能力较弱，不珍惜劳动成果、不想劳动、不会劳动等现象时有发生。作为学校，有义务更有责任对学生进行生活教育，让学生积累劳动实践经验，为学生将来走向社会奠定基础。因此，开发与实施"小学生活N次方"特色课程意义深远。

　　本课程贯穿整个小学阶段，包含体育生活、劳动生活、科技生活、社会生活四大版块，是在执行国家基础性课程的同时，不断拓展生活教育途径，充分挖掘学校、家庭、社会资源而开发的一门特色课程。本书按水平一（面向一、二年级）、水平二（面向三、四年级）、水平三（面向五、六年级）三个水平段布局，注重学生手脑并用，强化实践体验，把学生的生活实际与德育、智育、体育、美育及劳动教育有机融合在一起，符合各年龄段学生生理、心理、认知、能力等特点，指向学生学会学习、学会创造、学会健身、学会劳动，从而学会生活。

　　本课程在研发过程中得到了乐清市智仁乡寄宿小学俞仙国、章青青、金宇男、黄丹敏、蔡越、丁叶、许彬闲、钟秋、郑茜芝、周晶晶、倪娜、包梦倩、郑铁、陈雨明等老师的大力支持与帮助，同时也得到了浙江省教育厅教研室、安徽师范大学、温州市教育教学研究院等有关专家的指导，在此表示衷心感谢！由于水平有限，再加上学校办学条件的制约，本课程肯定存在问题和不足，恳请大家批评指正！

目录

水平一

1 正确佩戴口罩

口罩是一种卫生用品，可以阻挡有害的气体、气味、飞沫等。

想一想 生活中你都看到哪些人会佩戴口罩呢？佩戴口罩有什么学问呢？

学一学 佩戴口罩的步骤（看、戴、调、压）

第一步：看。检查口罩使用有效期和外包装。分清内外上下，蓝色朝外，有金属条的是上面。

第二步：戴。洗净双手，手拉两侧耳带，戴到耳朵上。

第三步：调。上下拉开褶皱，使口罩覆盖鼻子、嘴巴、下巴。

第四步：压。双手指尖向内轻压金属条，让金属条与鼻梁贴合。

试一试

同学们，我们已经学会了戴口罩的方法，一起来试一试吧。

说一说

佩戴口罩时还应该注意什么呢？
口罩用完该怎么办呢？

1. _____

2. _____

3. _____

② 正确洗手

在显微镜下我们能看到，手上有很多的细菌，你会在什么时候洗手呢？

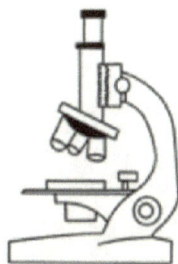

你知道正确的洗手方法吗？我们先来听一听这首《七步洗手歌》。

听一听

七步洗手歌

两个好朋友，手碰手；

你背背我，我背背你；

来了两个小螃蟹，小螃蟹；

举起两只大钳子，大钳子；

我跟螃蟹点点头，点点头；

我跟螃蟹握握手，握握手。

让我们一起来学一学怎么正确地洗手吧！

首先打湿小手，挤上洗手液，接着我们开始洗手了。

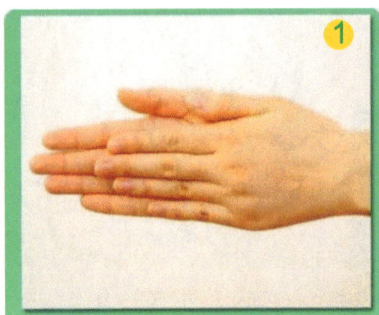

第一步：掌心相对，手指并拢相互摩擦。

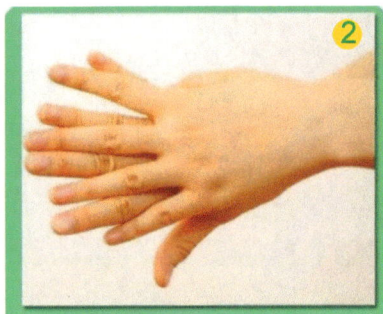

第二步：手心对手背，沿指缝相互摩擦，交换进行。

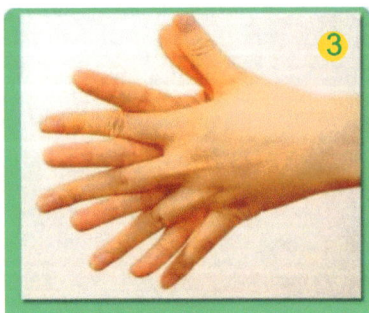

第三步：掌心相对，十指交叉，沿指缝相互摩擦。

第四步：一手握另一手大拇指旋转搓擦，交换进行。

第五步：弯曲各手指关节，在另一手掌心旋转搓擦，交换进行。

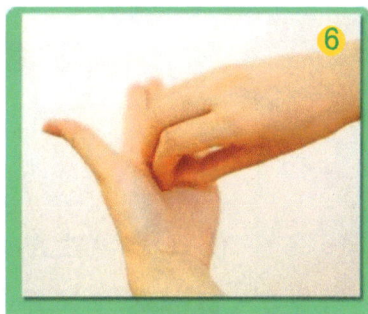

第六步：将五个手指尖并拢，放在另一手掌心旋转揉搓，交换进行。

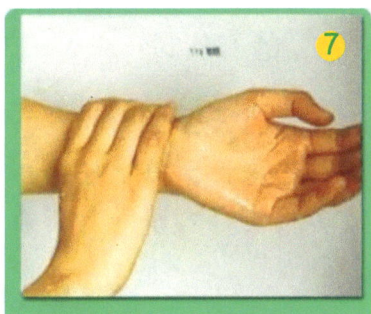

第七步：一只手的手掌握住另一只手的手腕部分，旋转揉搓，交换双手。

试一试

小朋友，你知道吗，洗一双手的时间大概是唱两遍《祝你生日快乐》歌的时间。我们一起试一试，一边唱歌，一边用七步洗手法洗手。

③ 今天我值日

值日是学生参与学校管理的方式之一，体现了学生的主人翁精神。

读一读

值日歌

今天我值日，早早到教室，
地板扫干净，桌椅摆整齐，
一日常规多检查，大家夸我真能干。

想一想

平常你值日，都有哪些步骤呢？

值日"三部曲"：扫地—拖地—摆桌椅

试一试

让我们来动手试一试吧！

知识窗

环境为我们的学习生活提供了必要的条件，走进教室，干净整洁的环境必然让我们心旷神怡。搞好环境卫生，既是对我们进行科学卫生知识教育、培养良好卫生习惯的重要工作，也是培养我们良好思想品德的一个途径。

④ 剪 指 甲

指甲是细菌最容易躲藏的地方，我们要勤洗手、勤剪指甲。

读一读

人的一双手在日常生活中与各种各样的东西接触，容易沾染细菌。我们的眼睛无法看见细菌，必须要用显微镜放大几百倍，甚至几千倍才能看到。有科学家作过调查，一双手可能有440万个细菌。指甲是最容易藏细菌的地方，我们要经常洗手、剪指甲，让细菌无处可藏。指甲长了，还容易抓破皮肤引起感染哦！

学一学

原来指甲要剪成这样！

正确修剪方法

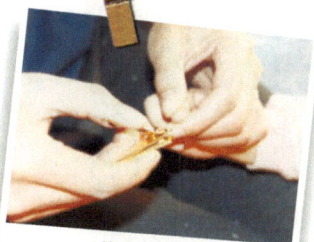
剪一剪

摩一摩

洗一洗

试一试

小朋友们，快动手修剪一下自己的指甲吧！要把自己的指甲修剪得整洁美观哦。

 做一做

表孝心：我给长辈剪指甲

我给 _____ 剪指甲

小体会：_____

_____

_____

_____

_____

 评一评

同学之间比一比，谁是勤剪指甲、讲究个人卫生的好学生。

⑤ 整理课桌

新学期，新课本，新书包，新文具。同学们，你们的课桌都整理干净了吗？

你的课桌里都有什么东西呢？简单画下来好吗？

画一画

想一想

平常你们都是怎么整理课桌的？哪些东西可以分类放在一起呢？

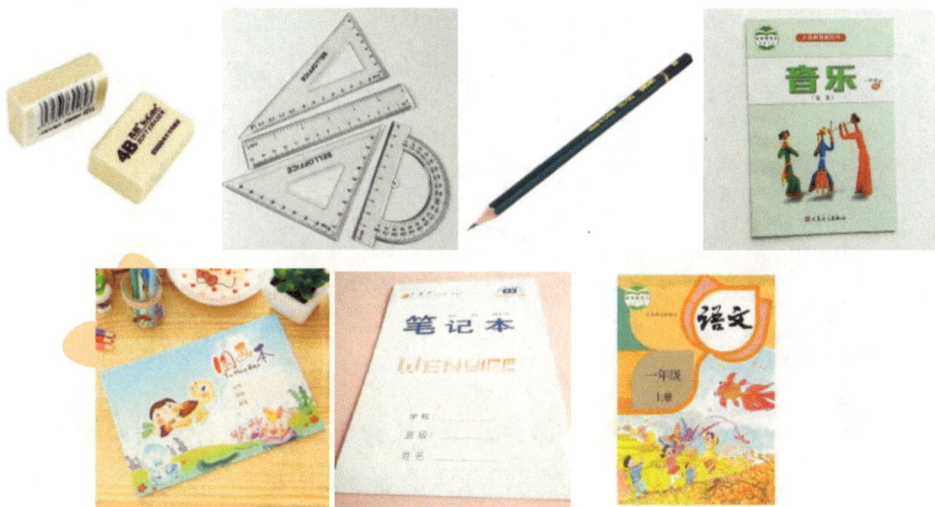

 让我们一起来整理课桌吧！

第一步：清空课桌（清一清留空间）。第二步：清洗课桌（擦一擦更干净）。

第三步：文具收纳（收一收更有序）。第四步：叠放书本（叠一叠更整齐）。

第五步：摆放整齐（摆一摆更美观）。

 评一评

哪位小朋友的课桌最整齐，为什么？整齐的课桌给你怎样的感受？

6 洗抹布

生活中我们常常需要用抹布擦桌子、玻璃等物品，今天我们来学习洗抹布。

说一说

你洗过抹布吗？
你是怎样洗抹布的？

学一学

洗抹布的步骤：

第一步：将抹布浸湿，打上肥皂。

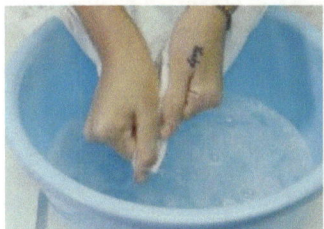

第二步：轻轻搓揉。　　第三步：放在水中漂洗、拧干。　　第四步：把抹布晾起来。

洗抹布时我们要注意什么呢？

1. _____

2. _____

3. _____

试一试

两人一组练习洗抹布，学优点，找不足。

写一写

看着干净的抹布你有什么感受，请写一写。

7 给花草浇水

我们口渴的时候需要喝水，花草口渴了也需要给它们浇水。

学一学

水是植物体内最多的物质，也是最重要的、无法替代的物质。浇水有哪些学问呢？

①草本植物多浇水，如风信子、紫罗兰、长寿花、吊兰、文竹等。木本植物少浇水，如茉莉花、栀子花、杜鹃花等。

风信子

吊兰

长寿花

杜鹃花

栀子花

②沙质土多浇水，黏质土少浇水。

沙质土

黏质土

③浇花的水也有讲究，雨水或者河水比自来水好。自来水需要放在通风处晾上一天左右，比较有利于花草的生长。

④浇水的时间很重要。早上温度高的时候浇水比晚上低温时浇水好。

⑤生长期多浇水，休眠期少浇水。

⑥湿生植物多浇水，如马蹄莲、龟背竹、万年青等。旱生植物是耐旱性较强的植物，要少浇水，如仙人掌、仙人球、景天科多肉植物等。

马蹄莲

龟背竹

万年青

仙人掌　　　　　　　　　多肉植物

⑦叶大质软的多浇水，叶小有蜡的少浇水。
⑧土壤不干不浇，土壤干时浇水要浇透。

做一做

领养一盆植物，请小朋友给植物浇浇水，并且记录浇水的时间。

植物	浇水时间	土壤干湿情况	植物情况	备注

讲一讲

在几个星期的照顾下，你的植物长得怎么样呢？分享一下给花草浇水的感受。

8 给小树修枝

给小树修枝可以让它长得更茂盛，更整齐好看。

认一认

给小树修枝有专业的工具，你们认识吗？

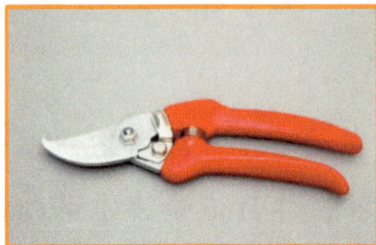

枝剪：又叫整枝剪、修枝剪，是一种园艺工具，主要用于修枝，修剪病虫害枝条，保持树体美观。

高枝剪：由于枝条的高度不等，加长手柄方便操作。

气动树枝剪：气动树枝剪比普通修枝剪高效，还可以降低劳动强度，适用于专业剪枝作业队。

你能说一说为什么要给小树修枝吗？

修剪树木可以让树木长得更茂盛，更整齐好看。修剪就是剪去受损的树枝，以便树木长出新枝，或者为了打造出独特的形状。修剪的方法要正确，免得树木受损。

修剪方法一：截，又称短截。

把枝条的一部分剪去，主要目的是刺激树木侧芽萌发，使树木抽生新梢，多发叶多开花。

修剪方法二：疏，又称疏剪或疏删。

将枝条自分生处剪去，疏剪可让枝条均匀分布，加大空间，改善通风透光条件，有利于树冠内部枝条生长发育。疏剪的对象主要是病虫枝、干枯枝、过密的交叉枝等。

修剪方法三：除蘖（niè）。

除去树木主干基部及伤口附近长出的嫩枝或根部长出的根蘖。避免这些枝条和根蘖妨碍树形，分散树体的养分。

9 穿鞋带

穿鞋带是生活中常有的事情，鞋子洗干净了，我们要把鞋带穿上去，小朋友，你会吗？

想一想

最常见的穿鞋带方式是哪一种？

学一学

我们一起来穿鞋带吧！

第一步：穿入最上边的孔，保持两头长度对称。

第二步：把右边的鞋带穿入左边的孔。

第三步：把左边的鞋带穿入右边的孔。

第四步：重复下去，直至完成。

　穿鞋带时还应该注意什么？

试一试

　　同学们，很高兴大家学会了穿鞋带的方法，赶快回家试一试吧。

⑩ 洗袜子

同学们，我们几乎每天都会穿袜子，袜子脏了该如何清洗呢？

说一说

洗袜子有哪些步骤呢？

洗袜子的步骤：入水泡10分钟—打肥皂—搓—涮—检查不干净的地方—打肥皂—搓—涮—总体检查—涮—晒干。

讨一讨

洗袜子时我们要注意什么呢？

试一试

同学们，请按照今天学到的知识，自己动手洗袜子吧！

⑪ 打电话

电话是人们生活中不可缺少的通信工具，是人们相互联系、传递信息的"桥梁"。

认一认 你认识下面的电话吗？

固定电话

视频电话

移动电话

说一说

你是如何打电话的？遇到过哪些问题？

写一写

打电话应注意的问题：＿＿＿＿＿＿＿＿＿＿＿＿＿＿

电话接通后，应该先说：＿＿＿＿＿＿＿＿＿＿＿＿＿

发现打错电话了，应该说：＿＿＿＿＿＿＿＿＿＿＿＿

打电话结束时，应该和对方说：＿＿＿＿＿＿＿＿＿＿

想一想　　遇到下列情况，应该打什么电话？

发现有火情：要打＿＿＿＿＿＿，要讲清＿＿＿＿＿＿

看到抢劫，发现坏人：要给＿＿＿＿＿打电话，号码是＿＿＿＿

妈妈昏倒了：要打＿＿＿＿＿，要讲清＿＿＿＿＿＿

做一做　　动手做一个电话号码簿，填写应急电话号码。

名　称	电　话
火　警	
匪　警	
急救中心	
查号台	

紧急电话
可不能打着玩哦！

24

12 体育课的安全

体育课是我们所要学习的课程之一，上体育课要注意安全。

看一看

这些运动项目标志，你认识它们吗？

说一说

你喜欢上体育课吗？你最喜欢哪一项体育活动呢？

你觉得上体育课应该
注意哪些安全事项呢？

读一读　小学生体育课注意事项

课前做好准备运动，课后做好放松整理。

上体育课需要穿运动服和运动鞋，不要穿紧身衣服和皮鞋、凉鞋等。

听从指挥，服从安排，有秩序地进行各项目的练习。

在做器械运动时要做好安全保护，使用任何器材必须征求体育老师的准许，或有体育老师在场。

上课过程中，不可嬉戏打闹，不做过于激烈的运动。

做运动练习时，要由慢到快，运动强度由低到高。

议一议

下面这几名同学做得对吗？为什么？

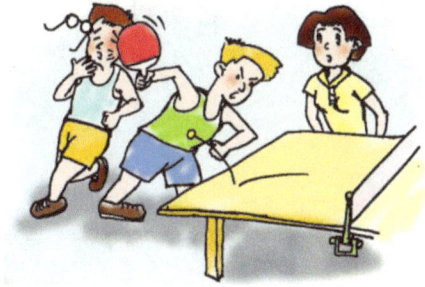

⑬ 运动后的卫生

运动可增强体质，也能预防许多疾病，运动过后要注意正确的卫生习惯。

说一说

运动过后你们都会做些什么呢？

判一判

运动结束后，下图中同学的做法对吗？

运动后注意事项

1.不宜立即停下来

如果运动刚结束就停下来休息，可能会造成心脏缺血，也会因大脑供血不足而出现头晕、恶心、呕吐、休克等缺氧症状。正确的做法是在每次运动结束后，再做一些放松、整理活动，如慢走、慢跑等。

2.不宜立即大量喝水

运动时胃肠血液少、功能差，对水的吸收能力弱。一次性喝水过多，胃肠会有不舒适的胀满感，若躺下休息更会因挤压膈肌影响心肺活动。所以剧烈活动后口渴不可喝水太多，应用"多次少饮"的方法喝水。

3.不宜立即吃饭

若在运动后不经休息立即吃饭，容易引起人体消化系统的紊乱和功能性失调，且对食物中营养的吸收也差，易让人得病。

4.不宜立即洗冷水澡、游泳、吹电风扇或吹空调

运动结束，马上吹电风扇或进入空调房间，是错误的做法。体表温度和洗澡水的温度相差过大，极易引起小腿抽筋。因此剧烈运动后应先擦干汗液，等不再出汗时，再游泳或进行冷水浴。

14 制作小风车

风车可以把风能转变成机械能，对人们的生活起到重要作用。

看一看

荷兰风车

洞头鹿西岛风车

育英学校"风车"

说一说

同学们，你们见过哪些风车？它们都有什么作用？

· ....

· ....

· ....

· ....

做一做

制作简易纸风车

准备材料：正方形的彩色纸。

准备工具：剪刀、大头钉、胶棒、竹签、小木棍或大吸管。

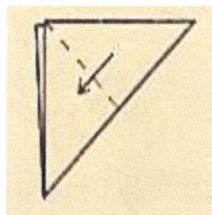

第一步：沿对角线对折。

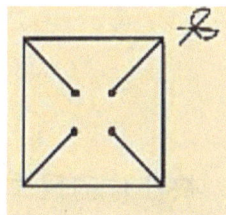

第二步：沿折痕剪开四分之三左右。

第三步：每隔一角向内固定。

第四步：用大头钉穿透正中央，固定在小木棍上。

瞧，一个漂亮的风车就做好了，"万事俱备，只欠东风"。

 **认一认** 你认识下面这些手工制作的风车吗？

四角风车

十字风车

葵花风车

 **玩一玩** 快让你的风车转起来吧！

⑮ 学会叠被子

同学们，今天早上起床后，你们叠被子了吗？

说一说

你叠过被子吗？你是怎么叠被子的呢？

学一学

叠被子的步骤：

第一步：首先将小被子平整地铺在床上。

第二步：细心比较并找到小被子的长边和短边，将两条长边拎起分别放于被子中间。

第三步：将被子左右两头分别折于被子的中间。

第四步：用手稍作整理，将叠好的被子轻放于床头。

评一评

同学们，你们学会了吗？一起来试一试吧！
看看自己能得几颗星？
自己评：☆☆☆☆☆
家人评：☆☆☆☆☆

唱一唱

叠被子

小被子，有长边，有短边。
拎起长边对中间，
点点头，弯弯腰，
我的被子叠好啦！

34

16 整理衣柜

一年一度的春季大扫除又来临了。同学们，你们的衣柜都整理了吗？

做一做　　让我们一起来整理衣柜吧！

1 清空衣柜

2 擦拭衣柜

3 分类整理

4 分类摆放

说一说　　看着整理好的衣柜，你有什么感受？

17 整理书柜

同学们，你们会整理书柜吗？有什么技巧呢？

找一找

你家的书柜上都有什么书呀？看了书柜上的书，你有什么新发现吗？

写一写

1.你能把书柜上的书分成哪几类？写下来好吗？

_____

_____

_____

2.你知道如何整理书柜吗？

（1）一般把新书摆放在书柜的显眼处；

（2）其他书则按分类依次摆放整齐。

做一做

①试着把书柜上的书根据不同的类别进行编号。

②将分好类的书有序地摆放在书柜上。

说一说

看着整理好的书柜，你有什么感受？

读书小知识

第一，读书可以开阔视野。每个人的生命是有限的，不可能对每一种事物的认知都亲身实践，读书使我们知道，美丽的星空是广阔无边的，人类的进化是经过漫长历程的，大自然是神奇而美丽的，知识的海洋是无穷无尽的……

第二，读书可以陶冶情操。当我们心情郁闷、悲观失望时，可以翻翻那些使人在笑声中受到启迪的漫画书和童话书。我们会为"灰姑娘"美好的结局而感到欣慰，为"丑小鸭"变成美丽的天鹅而兴奋不已。

第三，读书可以提高写作水平。我们在读书过程中，欣赏到了许多优美的词句，在写作时，就可以学习和借鉴。长此以往，便会积累丰富的素材，自然就能体会到"读书破万卷，下笔如有神"的道理了。

第四，读书可以使我们懂得道理。一本好书就是我们人生道路上的领航灯。当处在人生的十字路口无法判断方向时，有关如何做人做事方面的书籍会使我们毫不犹豫地作出理智的判断，不为蝇头小利所动，不为艰难险阻所困，扎扎实实地走好人生的每一步，做一个勤奋、诚信、高尚的人。

第五， 读书可以增强我们的爱国意识。中华民族有着悠久的历史和灿烂的文化，四大发明、万里长城、兵马俑……无不让我们骄傲和自豪。

⑱ 整 理 寝 室

同学们，你们喜欢怎样的寝室环境呢？

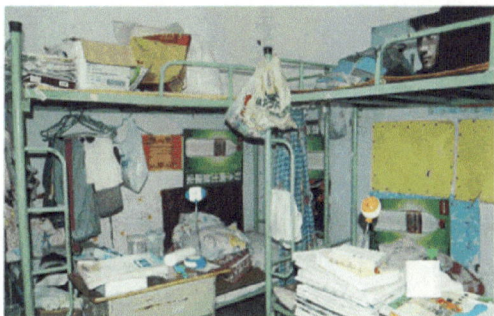

同学们，看了图中的
寝室以后你们有什么感觉？

寝室的东西要分类摆放

1. _____

2. _____

3. _____

4. _____

拥有这样一个干净整洁的寝室，你有什么感受，请写一写吧！

小实践

我一周整理寝室的星级表

日期	星期一	星期二	星期三	星期四	星期五	星期六	星期日
星级评定							

做时间的小主人

　　"一寸光阴一寸金，寸金难买寸光阴。"时间是什么？农民说："时间是粮食。"工人说："时间是财富。" 军人说："时间是胜利。"我们说："时间是进步，时间是荣誉。""时间就是力量。"任何工作都要在时间中进行，任何才智都要在时间中显现，珍惜时间就是珍惜生命！

⑲ 合理使用压岁钱

每到新年，同学们都会收到压岁钱，你们是怎么支配压岁钱的呢？

看一看

同学们可能都盼望过新年，因为除了有假期、可以买新衣服之外，还有压岁钱。那同学们又是怎么处理自己的压岁钱的呢？可能有的同学会交给家长。其实，压岁钱可以由我们自己支配！但由我们支配并不是说自己想怎么用就怎么用，而是说我们要学会自己理财。

想一想

乱花钱的现象

买零食

下馆子

打游戏

买玩具

学会使用零花钱

节俭顺口溜

积少成多用处多，
一分钱、一角钱，
别看不起眼，
缺了一分钱，
事儿不能办。
平时有了钱，
就往储蓄罐里塞，
日子一长久，
里面沉甸甸。

需要派用场，
把它拿出来，
积少成多了不起，
一笔数目挺可观。
买书、买衣、付学费，
还可用作献爱心。
同学们，请牢记，
养成节约好习惯，
合理用好每分钱。

⑳ 超市购物

相信同学们都有超市购物的经历，你们去超市会买什么呢？

知识窗

在超市购物的时候，你是否注意到商品及货架上有一些小标签呢？这些小标签，可是有着大学问呢！

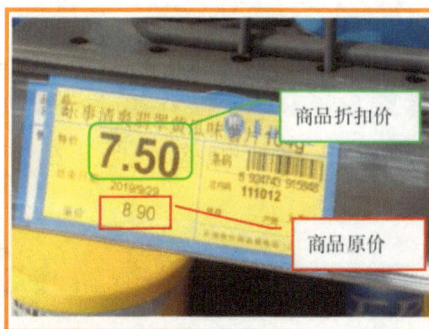

商品折扣价

7.50

8 90

商品原价

产品批号 20061018

生产日期 20061018 → 生产日期

有效期至 20081017 → 有效期

小贴士

购物的时候不仅要考虑商品的价格，还要看看商品的生产日期和有效期，不要买过期的食品哦。

超市购物常识

如今，超市已经成为家家户户必不可少的去处，我们经常会到超市购物。可有的时候，我们发现有的商品不是新鲜的，同类商品价格差不多的情况下，我们买的可能也不是最理想的。那么，我们在超市购物的时候，需要注意些什么呢？

进入超市不要急于选东西

比较品质、价格、生产日期

选购时尽量踮踮脚、弯弯腰

核对小票

现在给你20元，去超市选购你心仪的商品。

（注意，商品总量不超过5样，且不能重复）

购物清单

_____

_____

_____

_____

_____

_____

㉑ 尊敬老师

同学们，你们有没有养成主动和老师打招呼的习惯呢？生活中，该如何尊敬老师呢？

读一读

毛泽东向老师敬酒

1959年6月25日，毛泽东同志回到故乡韶山，他特意邀请自己在私塾读书时的老师一起用饭，席间热情地为老师敬酒。老师不胜荣幸，感慨地说："主席敬酒，岂敢岂敢!"毛主席笑盈盈地回答："敬老尊贤，应该应该。"

尊师名言

教师是人类灵魂的工程师。——斯大林

教师是太阳底下再优越没有的职务了。——夸美纽斯

一日为师，终身为父。——（元）关汉卿

师者，所以传道受业解惑也。——（唐）韩愈

在我们身边有没有尊敬老师的小故事呢？
和小伙伴们说一说吧！

写一写

让我们把想对老师说的话写下来吧！

㉒ 招待客人

一定有亲戚朋友到你家做过客吧！你是怎么招待他们的呢？

讨一讨

丁丁和小明谁做得好？为什么？

片段一： 有一天，丁丁家里来了客人，丁丁为客人沏了茶，并用双手给客人敬茶，有礼貌地请客人喝茶。客人很高兴，夸丁丁是一个能干、有礼貌的好孩子。

片段二： 小明家里来了客人，小明没有主动和客人打招呼，而且乱动客人的东西，还在客人面前做一些不礼貌的动作。于是，忍无可忍的母亲装着换茶的样子，来到厨房，低声细语地把小明叫到面前，批评了他。可是小明非但没有改正错误，反而变本加厉。

想一想

你觉得怎样做才是热情招待客人？

下面的做法对吗？为什么？

①客人到来面带微笑，主动打招呼。

②给客人沏杯茶。

③马上拆开客人送的礼物。

④留客人在家里吃饭。

⑤客人告辞时热情相送。

㉓ 认识交通标志

交通标志可以保证道路畅通与行车安全。同学们，你们认识哪些交通标志呢？

说一说　你认识这几种交通标志吗？

省道编号

禁止驶入

停车场

找一找　我们一起到大街上找一找，认一认吧！

你和小伙伴们都认识学校附近的道路口和交叉路口的交通标志吗？请通过调查完成下面的表格。

交通标志	作　用	地　点

请你认一认下面的交通标志！

这些交通标志有什么作用？

_____

_____

_____

_____

　　随着汽车业的飞速发展，道路的变化日新月异，同学们应知道一些道路常识，学会关心我们身边的交通状况，关心我们的生活环境。

㉔ 预防流感

流行性感冒每年都会给大家带来很大困扰，让人头疼、浑身乏力、鼻塞、流涕、咽喉发炎。

知识窗

　　流行性感冒（简称流感）是流感病毒引起的急性呼吸道感染，也是一种传染性强、传播速度快的疾病。其主要通过空气中的飞沫、人与人之间的接触或与被污染物品的接触传播。典型的临床症状是：急起高热、全身疼痛、显著乏力和轻度呼吸道症状。一般秋冬季节是其高发期。该病是由流感病毒引起，可分为甲、乙、丙、丁四型。甲型病毒经常发生抗原变异，传染性强，传播迅速，极易发生大范围流行。甲型H1N1就是甲型的一种。流感具有自限性，但婴幼儿、老年人和存在心肺基础疾病的患者容易引发肺炎等严重并发症而导致死亡。

说一说

小朋友，你们感冒过吗？
感冒的时候哪里不舒服呢？
如何才能预防流行性感冒？

学一学　预防流感

注意保暖　　户外运动　　经常洗手

注射疫苗　　　　　　　开窗通风

①保持室内空气流通，流感高峰期避免去人群聚集场所。

②咳嗽、打喷嚏时应使用纸巾等遮挡，避免飞沫传播。

③经常洗手，避免脏手接触口、眼、鼻。

④流感期间如出现流感症状要及时就医，并减少接触他人，尽量居家休息。

⑤加强户外体育锻炼，提高身体免疫能力。

⑥秋冬气候多变，注意加减衣服。

㉕ 牙齿与健康

牙齿是人体重要的器官之一，牙齿的整洁关系到身体的健康。

数一数

大家好！知道我是谁吧？对！我就是牙齿。快和小伙伴一起数数，你们都有几颗我的家族成员？

认一认

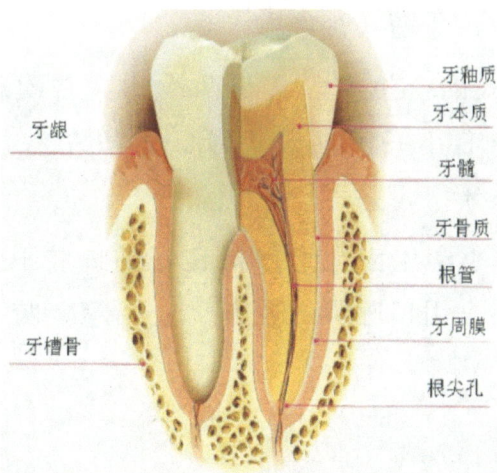

牙龈　　牙釉质　牙本质　牙髓　牙骨质　根管　牙周膜　牙槽骨　根尖孔

做一做　正确的刷牙方法

第一步：牙刷与牙龈线倾斜成45度角，从牙龈线处开始扫动或滚动牙刷。

第二步：用短促的一前一后的轻抚动作，来回轻刷每颗牙齿的内外两面以及咀嚼面。

第三步：轻刷舌面，以清除细菌，清新口气。

读一读

牙齿是一种在很多脊椎动物身上存在的结构。一般而言，牙齿呈白色，质地坚硬。牙齿有多种用途，包括切断、撕裂、磨碎食物。牙齿是动物天生的自卫武器。人类的发音与口腔中前排上下牙密切相关，古代通行的标准语称为"雅言"。

牙齿是人体中最坚硬的器官。按结构分为牙冠、牙颈和牙根三部分。根据成分又可分为牙釉质（珐琅质）、牙本质（象牙质）、牙髓（神经腺）等。

人的一生中，会长两次牙，首次长出的称"乳牙"，到两岁半左右出齐，共二十颗。六岁左右，乳牙逐渐脱落，慢慢长出"恒牙"，共三十二颗。

小学生应注意保持良好的口腔卫生，纠正不良习惯，如单侧咀嚼、用口呼吸、吮唇、咬铅笔、咬手指等。

26 我会洗澡

洗澡好处多，我们要养成勤洗澡的好习惯。

唱一唱

我爱洗澡

我爱洗澡皮肤好好

AH-OH AH-OH

戴上浴帽唱唱跳跳

AH-OH AH-OH

美人鱼想逃跑

上冲冲下洗洗

左搓搓右揉揉

有空再来握握手

上冲冲下洗洗

左搓搓右揉揉

我家的浴缸好好坐

噜啦啦噜啦啦噜啦噜啦咧

噜啦噜啦噜啦噜啦噜啦咧

噜啦啦噜啦啦噜啦噜啦咧

噜啦噜啦噜啦咧

想一想

洗澡都有哪些好处呢？

_____

_____

_____

_____

做一做 平常你都是怎么洗澡的？

打湿

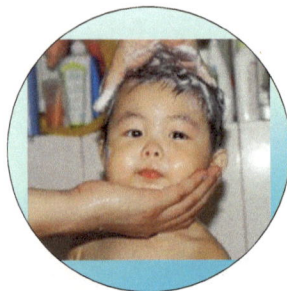

洗头和脸

冲洗头和脸

洗身体

和谐园

洗澡的好处

　　洗澡的好处真不少。洗澡不仅能清除汗垢油污，消除疲劳，舒筋活血，改善睡眠，提高皮肤的代谢功能和抵抗力，而且温水的浸泡，能够治疗某些疾病。既然洗澡对人的益处这么多，我们就应该更加认真地对待洗澡。

27 爱护耳朵

耳朵是人体的重要器官，我们要爱护它们。

小朋友，你能画出自己的耳朵吗？

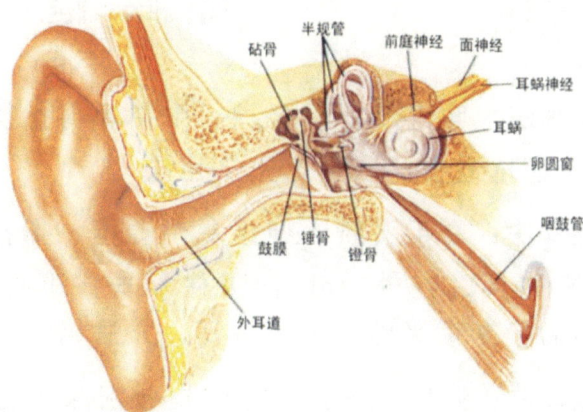

半规管　前庭神经　面神经

砧骨

耳蜗神经

耳蜗

卵圆窗

咽鼓管

鼓膜　锤骨　镫骨

外耳道

有的人耳朵痒了，常常用发卡、火柴棍儿、挖耳勺等掏耳朵，其实这样做有很多害处。

在人的耳道外侧软骨表面的皮肤中有耵聍(dīng níng)腺，能分泌一种淡黄色黏(nián)稠的物质，称为耵聍，俗称"耳屎"或"耳蝉"，它像"哨兵"一样守卫着外耳道的大门。这种物质有的遇空气干燥后呈薄片状，有的如黏稠的油脂。平时"藏"在外耳道内，具有保护外耳道皮肤和黏附外来物质（如灰尘、小飞虫等）的作用。

外耳道皮肤比较娇嫩，与软骨膜连接比较紧密，皮下组织少，血液循环差，掏耳朵时如果用力不当，容易引起外耳道损伤、感染，导致外耳道疖(jiē)肿、发炎、溃烂，甚至造成耳朵疼痛，影响张口和咀嚼。

耳 保 健 操

揉耳法：伸出双手，食指、中指、拇指揉外耳廓，从上往下2分钟。轻重适宜，以耳部微热为佳。

拉耳法：右手叉腰，伸出左手食指、拇指夹住耳尖，往上拉5次，夹住耳廓往外拉5次，夹住耳垂往下拉5次，每次维持1—2秒。然后换左手叉腰，右手拉耳，方法相同。

点耳法：伸出双手，左右食指分别深入左右耳道，转动3下，然后轻压，并快速拔出，重复10次。

压耳法： 伸出双手，左右手掌用力压耳，突然松开，重复10次。

注意： 做耳保健操时一定要提前修剪指甲，注意动作轻柔，以防损伤耳部娇嫩的软组织和鼓膜。

记一记

耳朵长在头两旁，
要听声音它帮忙。
不抠不掏保护好，
耳听八方能力强。

28 合理安排一日三餐

同学们，你们每天的三餐都是怎样安排的，都喜欢吃些什么呢？

每日食谱里包括的四类食物：

一为奶类

如牛奶、奶酪（lào），含有钙质、蛋白质，可以强健骨骼和牙齿，每日饮250—500毫升牛奶为宜。

二为肉类

包括各种肉类、水产类及蛋，它们含有蛋白质、脂肪，能促进人体新陈代谢，增强抵抗力，每日食用125—200克为宜。

三为蔬菜、水果类

含有丰富的维生素、矿物质、糖类和纤维素，能增强人体抵抗力，畅通肠胃，每日最少要吃1斤新鲜蔬菜及水果。

四为五谷类

如米、面，含有淀粉物质，主要供应人体的能量，满足日常活动所需，每日食用300—500克为宜。

（注意：每人每天食盐不超过6克，菜肴以清淡为宜）

你现在应该知道每天如何安排饮食了吧？

动动手

我的一周食谱

时间	星期一	星期二	星期三	星期四	星期五	星期六	星期日
早餐							
中餐							
晚餐							

29 洗红领巾

红领巾是少先队员的标志，我们要爱护它。

小朋友去上学，每天都戴红领巾，但是红领巾戴的时间长了会脏，要是我们学会自己洗红领巾，那是多么光荣的事啊！

读一读

工具与材料：脸盆、肥皂（洗衣粉、洗衣液）、衣架、板刷。

说一说

_____

_____

_____

_____

洗红领巾的主要步骤有哪些？

学一学　洗红领巾的步骤

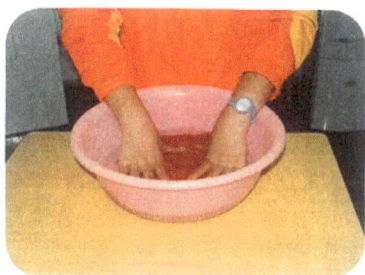
第一步：放水、浸湿。

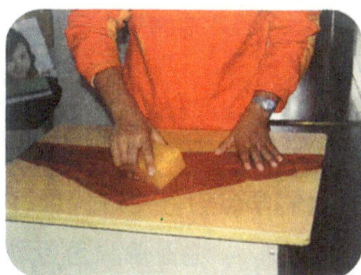
第二步：推平、擦肥皂。

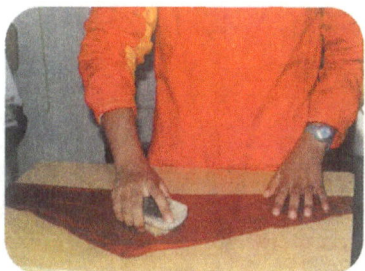
第三步：刷洗（或手搓）。

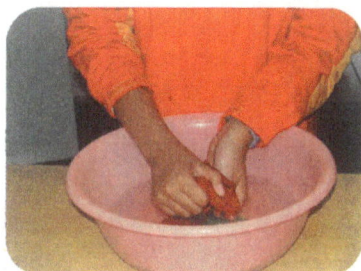
第四步：漂洗。

第五步：晾干。

　　你会洗红领巾吗？你知道洗红领巾所用的洗涤剂（肥皂、洗衣粉、洗衣液）的异同吗？用哪种洗涤剂洗红领巾比较合适呢？

63

想一想

①你知道平时戴的红领巾是用哪些材质的布做的吗？

②除了文中介绍的洗涤方法外，你还知道其他洗红领巾的方法吗？

③出现下列情况后，该用哪种洗涤剂清洗红领巾？

情　况	洗涤方法 （用哪种洗涤剂）
红领巾上有油渍	
红领巾有污渍	
红领巾褪色	

④你会洗袜子与手帕吗？洗袜子时有哪些要注意的问题？

30 做汤圆

汤圆是中国传统小吃之一，食用汤圆历史十分悠久。

读一读

据传，汤圆起源于宋朝。当时各地兴起吃一种新奇食品，即用各种果饵做馅，外面裹糯米粉搓成球，煮熟后，吃起来香甜可口，饶有风趣。因为这种糯米球在锅里先浮后沉，所以它最早叫"浮元子"。在古汉语里，"汤"是开水的意思，后来人们逐渐改叫汤圆。

汤圆的种类有很多哦，有芝麻汤圆、豆沙汤圆、肉汤圆等。

 做一做

制作芝麻汤圆需要的材料有：

黑芝麻粉 500 克，猪板油丁 750 克，绵白糖 1000 克，糯米粉 1000 克。

制作过程：

准备糯米粉

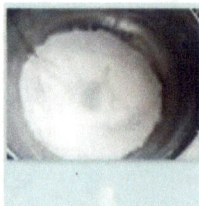

加水搅拌

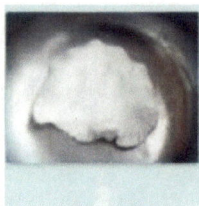

揉成面团

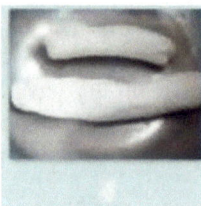

搓成均匀的长条

加入馅料

收口搓圆

制作完成

同学们，是不是嘴馋了？赶快动手做一做吧！看看哪个小组做得最好！

评一评

全班同学分组来制作汤圆，做好后煮熟尝一尝。

组　名	数　量	外　形	味　道

唱一唱

卖 汤 圆

卖汤圆 卖汤圆

小二哥的汤圆是圆又圆

一碗汤圆满又满

三毛钱呀买一碗

汤圆汤圆卖汤圆

汤圆一样可以当茶饭

唉嗨哟
yō

汤圆汤圆卖汤圆

汤圆一样可以当茶饭

卖汤圆 卖汤圆

小二哥的汤圆是圆又圆

一碗汤圆满又满

三毛钱呀买一碗

汤圆汤圆卖汤圆

公平交易可以包退还

唉嗨哟

汤圆汤圆卖汤圆

公平交易可以包退还

卖汤圆 卖汤圆

小二哥的汤圆是圆又圆

要吃汤圆快来买

吃了汤圆好团圆

汤圆汤圆卖汤圆

慢了一步只怕要卖完

唉嗨哟

汤圆汤圆卖汤圆

慢了一步只怕要卖完

学拖地

会做家务是一种本领，我们要主动为家人分担家务活。

想一想　　马上就是"三八"妇女节了，佳佳正想着要给妈妈送什么礼物好呢！想着想着，她眼前便浮现出妈妈干家务时忙碌的情景，尤其是妈妈在拖完地的时候，总是累得直不起腰来。佳佳眼前一亮：有了，我来帮妈妈干家务，就从拖地开始！

佳佳就要开始拖地了，她该准备些什么呢？

_____

_____

_____

_____

_____

_____

准备好了，那就开始干吧！

①清空要拖的区域。

②先用扫把把地扫干净。

③将所选择使用的清洁剂放进水桶，加入足够的水。

④把拖把泡在桶里面，让它彻底吸收清洁剂。有时，干的拖把需要浸泡一会来让它变松。

⑤把多余的水从拖把里面绞出来。

⑥从房间的一个角落开始，用拖把拖想要清理的地方。当拖完了那个小地方，或者拖把看起来脏了，要洗拖把并绞干，然后移动到下一个区域。对于粗糙的地板，用拖把拖数字8的圆圈路线。

⑦一些难清理的地方，可以拖两遍。

⑧如果想让地干得快一些，可以打开门和窗户来通风。

佳佳真能干，同学们，你们学会了吗？一起来试试吧！

评一评 看看自己能得几颗星。

自己评：☆☆☆☆☆
家人评：☆☆☆☆☆

写一写

你有什么小收获吗？

32 制作不倒翁

不倒翁是一种一经触动就摇摆，一会儿后又恢复直立状态的玩具。

做一做

你能做一个鸡蛋不倒翁吗？

准备材料：
①鸡蛋一个；
②比较细且颜色又十分鲜艳的毛线若干；
③毛针、蜡烛、剪刀和报纸等。

制作鸡蛋不倒翁分以下几步进行：

第一步：拿出鸡蛋，用毛针在鸡蛋头上穿一个小孔，把蛋白、蛋黄倒出来，然后灌水进鸡蛋，将里面清洗干净。

第二步：用事先准备好的打火机点着蜡烛，让溶解的蜡油流进去，此过程大约需要15分钟。

第三步：用毛线做鸡蛋的头发，如果不倒翁是女孩，还可以用红色和粉红色毛线做头饰。

第四步：用黑色的毛线帮鸡蛋不倒翁添上眼睛和鼻子，再用红色笔给不倒翁画一个小嘴巴。这样，一个美丽可爱的不倒翁就做好了。

71

瞧，同学们做的这些鸡蛋不倒翁多有意思啊！

评一评

最佳创意奖	最佳外观奖	最佳工艺奖
_____	_____	_____

想一想

同学们，你们知道不倒翁为什么不倒吗？

③③ 学草编

同学们，你们知道草编吗？快来了解一下吧！

小知识

草编是以各种柔韧植物为原料加工编织成的工艺品。它不仅原料生长地十分广泛，而且材料取之不尽，随处都可以得到，有麦秸、稻草、玉米叶、棕榈叶、麻、藤等。

草马

门毯

提篮

学一学

材料准备：一片棕榈叶、一把剪刀。

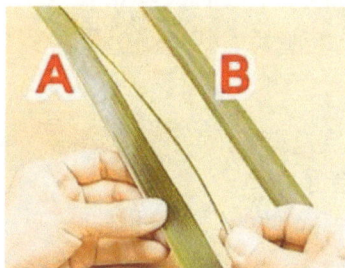

制作步骤：

步骤一：先将棕榈叶的主叶脉与两侧叶片分离，分成A、B两片，主叶脉留着备用。

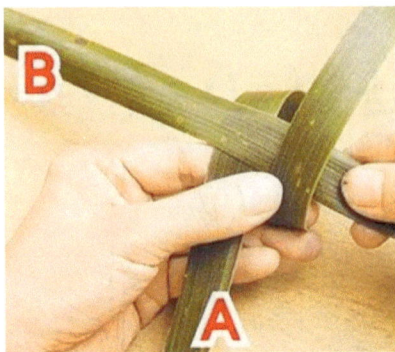

步骤二：将A先垂直绕一圈，B放在A上，A再绕过B。

步骤三：B的左端向下绕到右边，再依箭头方向穿过A至左侧，叶片拉紧形成"田"字。

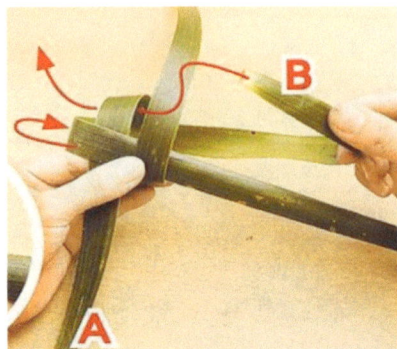

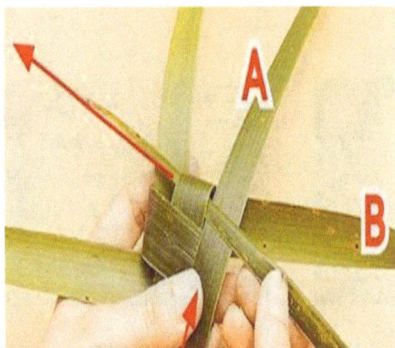

步骤四：将"田"字翻面，把垂直方向的A下半部上弯，B的右侧穿过A至左侧。

步骤五：用剪刀将四片多余的叶片斜着剪，剪成鱼鳍状。这样，棕叶小金鱼便做成了。

做一做

同学们，你们学会了吗？让我们一起来试一试吧！

34 钉纽扣

离开妈妈后，很多事情都要自己做，比如钉纽扣。

想一想

同学们，你们钉过纽扣吗？

学一学

钉纽扣的步骤

第一步：缝个交叉线在衣服上。 第二步：用针穿过纽扣的孔。

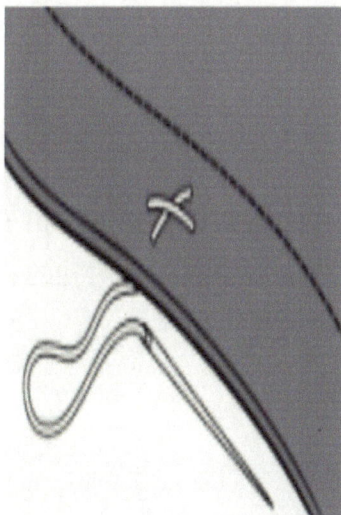

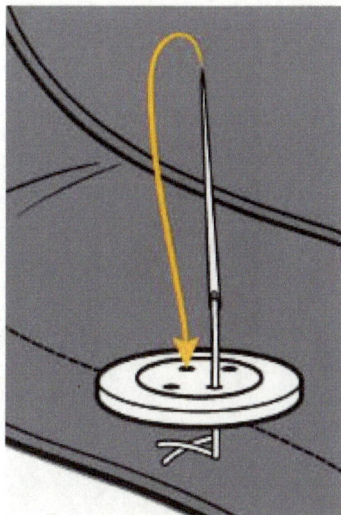

第三步：交叉穿过。　　　　第四步：绕圈打上结。

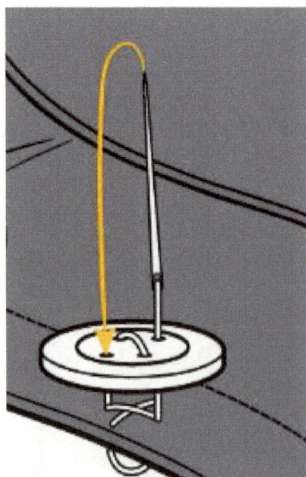 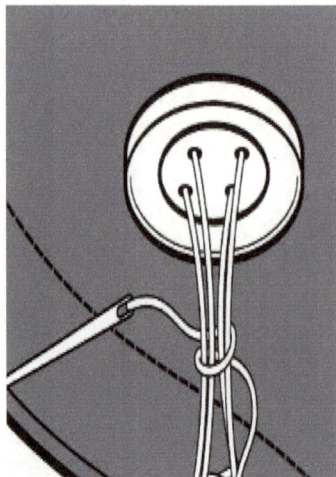

同学们，你们学会了吗？让我们一起来试一试吧！

制衣过程中常常需要钉扣子，扣子也分很多种，常见的有普通纽扣（两孔的、四孔的）、按扣、隐形挂钩扣等。

㉟ 洗鞋子

丁丁是个懂事的好孩子，自己能做的事情都会自己做。今天，他和小蒙等几个小伙伴一起踢足球。

回家后，妈妈说："丁丁，看你像个泥猴子似的，鞋子那么脏，快脱下来我帮你洗洗。"

丁丁说："妈妈，你上班那么辛苦，还是我自己洗吧。"

妈妈笑着问："你会吗？"

想一想 球鞋特别脏，丁丁该怎么办？

_____

_____

_____

_____

学一学 同学们，你们会洗球鞋吗？让我们和丁丁一起学洗球鞋吧！

准备工具：洗衣盆、肥皂、鞋刷。

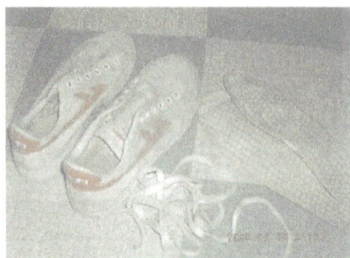

第一步：将鞋垫、鞋带、鞋身分开。

第二步：用水浸泡。

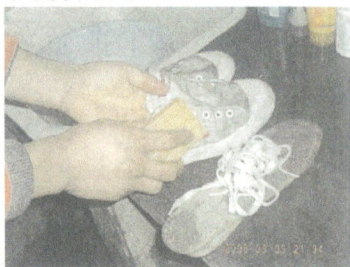

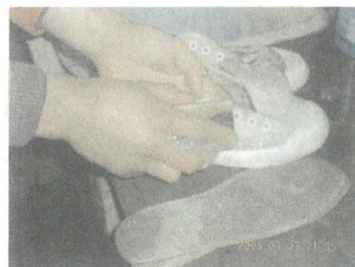

第三步：擦肥皂。

第四步：刷洗。

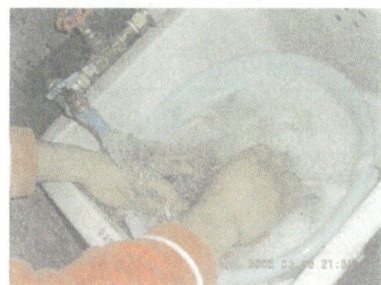

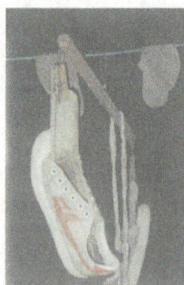

第五步：漂洗。

第六步：晾晒。

讨论吧

洗球鞋时我们需要注意些什么呢？

试一试

同学们，请按照今天学到的知识，自己回家试试看吧，妈妈一定会很高兴的！你们还可以写一写自己洗球鞋的体会呢！

36 常用绳扣系法

甲在路上发现乙在偷东西，甲和路人一起把乙捉住了。甲用绳子打了个简易"手铐"，把乙紧紧绑住了，并把他带到了公安局。

简易"手铐"

说一说

①甲为什么能将乙安全带到公安局？
②你喜欢哪些实用绳扣？为什么？

看一看

常见的绳扣

瞧！这是最简单的！

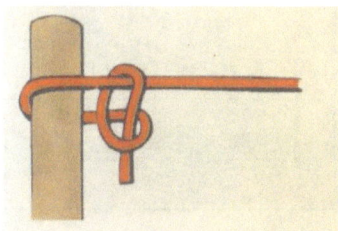

这样的晒衣服时用比较好

这样的吊环不会变小

这样的很容易解开

①将你学会的绳扣的系法展示给同学看。

②小组进行系绳扣（活扣）比赛。以组为单位，轮流接力系绳扣，看哪个组系得多，系得好。

学一学　　平结的系法

	①拿起绳子两端。
	②将绳子两端缠绕。
	③将绳子两端交叉。
	④在交叉的上方再缠绕一次。此时如果缠绕方向错误，就会变成外行平结，要特别小心。
	⑤抓住两端绳头用力拉紧。

平结的解法

平结如果拉得太紧，就不太容易解开，不过如果用手抓住一端绳头，朝相反方向用力一拉，就可轻松解开。

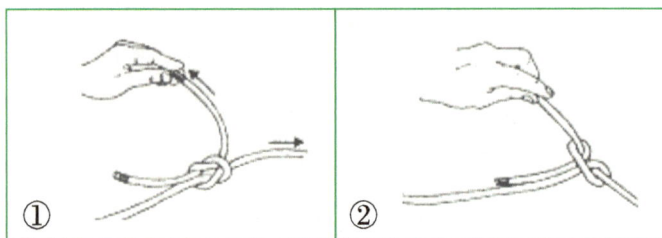

①	②

学用洗衣机

同学们，我们每天都需要洗衣服，可是该如何使用洗衣机呢？

学一学

洗衣机的使用方法

全自动洗衣机的具体使用方法如下。

①插上电源插头，放下或接好排水管，打开自来水龙头，把要洗的衣物和洗衣粉倒入洗衣机内，并将机盖关上。

②按下电源开关，根据所洗衣物的多少选择好水位，并根据洗涤衣物的脏污程度和面料等具体情况选择好程序。

③按下"启动／暂停"按钮，洗衣机开始工作。

④所选择的程序工作结束后，蜂鸣器会发出蜂鸣声。

⑤洗完后，关上电源开关，并将电源插头从插座上拔出，把自来水龙头关上，然后打开机盖，取出衣物，把线屑过滤网袋清理干净，并将洗衣机擦干。

另外，在使用过程中必须注意以下几点。

①当选择洗涤或漂洗程序时，水不到所选水位，波轮是不会运转的。

②在脱水时，必须将机盖关上。

③绝不可用手接触洗涤脱水桶，以免将手卷入，发生危险。

④绝不可洗涤或脱水含有挥发性物质(溶剂、酒精等)的衣物，以免发生事故。

⑤在脱水不平衡时，全自动洗衣机能够进行脱水不平衡修正，若修正2次后还没解决不平衡问题，将会停机并报警。此时，应打开机盖，把偏挤在一边的衣物放均匀，再关上机盖，按"启动／暂停"按钮即可。

⑥采用热水洗时，不能使用50℃以上的热水，并且注意不能使水溅湿控制板，以免内部的零件由于沾水而烧毁。

⑦洗涤前，应检查衣物中是否有发夹或硬币等杂物。若有，应全部取出。

⑧当气温很低时，洗衣机容易冻结。此时，应用50℃以下的温水倒入浸泡一段时间，等解冻后再使用。

⑨在水温较低时，洗衣粉不易溶解。此时，需用少量温水（30℃左右）将洗衣粉溶解后再倒入洗衣机中使用。

试一试

同学们，你们学会使用洗衣机了吗？赶快回家试试吧！

评一评

你觉得自己能得几颗星？

☆☆☆☆☆

38 测量体温

体温计的类型多种多样，同学们，你们见过哪些体温计？

认一认

同学们，你们认识它们吗？

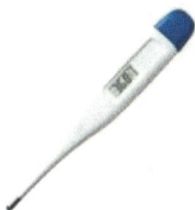

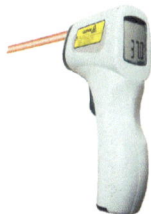

电子体温计　　　　红外线体温计　　　　水银体温计

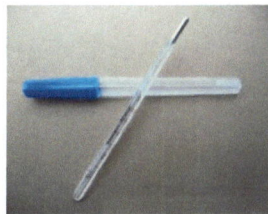

议一议

大家讨论一下测量体温的步骤和注意事项吧！

做一做

①将水银柱甩至35℃以下。

②水银端夹于腋下，确保体温计与腋下皮肤贴紧，测量5分钟。

③取出后，平视所得数值，即为体温数值。

④使用后，将水银柱甩至35℃以下并收好。

注意事项

①剧烈运动后不要立即测量体温，应休息30—60分钟后再测量。

②进食后不要立即测量体温，应休息60分钟后再测量。

③情绪紧张时不测量体温，待情绪平稳后再测量。

④测量体温时将腋下汗水擦干。

⑤每次测量体温时间为5—10分钟，不宜过长或过短。

⑥测量体温时间为早6：30—7：00（早饭前），晚8：00—8：30（运动休息1小时后）。

⑦正常体温为 36.0℃—37.2℃，37.3℃—38℃为低热 38.1℃—39℃为中等热，39.1℃—41℃为高热，41℃以上为超高热。

⑧当体温达到37.2℃时，应充分休息，10分钟后再测量。

⑨当体温超过37.3℃时，应到医院发热门诊检查治疗。

⑩甩体温计时应位于宽敞处，或手置于胸前，幅度不宜过大，应将水银柱甩至35℃以下。

⑪注意使用方法，以防体温计破损。

测量体温是诊断疾病时常用的方法，有口腔测温、腋下测温和肛门测温三种。腋下测温安全卫生，所以日常多用此法；肛门测温多用于小儿或昏迷病人。

健康成人的口腔温度是36.5℃—37.5℃，腋下体温比口腔温度低0.5℃，肛门温度比口腔温度高0.5℃。儿童的体温稍高，老年人的体温稍低。早晨体温稍低，晚上体温稍高。昼夜之间相差1℃，超过1℃可能是患有疾病的表现。

初次使用体温计的人，往往看不清度数。正确的方法是：找一个光线较好的地方，右手握住体温计的尾部，将体温计横置于眼前，将有刻度的一侧对准视线，而后缓慢转动体温计。在合适角度，即可以看到一段水银柱，其末段度数，就是体温度数。

39 烧开水的学问

我们每天都要喝开水，烧开水有哪些学问呢？

说一说 你知道开水有哪些作用吗？

讨一讨 烧开水如果不小心就会有危险，你知道烧开水应该注意些什么吗？

小知识

自来水含有13种具有潜在致癌、致畸和致突变的氯化物（为卤代烃与氯仿等）。水中这类有毒物质的含量同水温密切相关：水90℃时，卤代烃含量由原来常温下每升53微克上升到191微克，氯仿则由43.8微克升至177微克。水100℃时，两者含量分别下降到110微克和99微克。水继续沸腾3分钟则降到9.2微克和8.3微克。而对于有毒物质亚硝酸盐来说，科学实验证明，水煮沸1—3分钟时，水中亚硝酸盐增加的很缓慢；水煮沸超过5分钟，其含量才突然升高；水煮沸10分钟以上，这种有害物便成倍增长。因此，综合考虑，自来水还是以煮沸3—5分钟最适宜饮用，因为此时水中的亚硝酸盐和氯化物两类致癌物质含量均处于最低值。

智勇大闯关

①怎样的水算烧开了？

②泡茶的水以多少摄氏度为宜？

③水烧开以后冷了，再烧开还可以喝吗？

40 菜的种类及营养

蔬菜、肉类等是人们生活中必不可少的食物，可提供人体所必需的多种营养。

认一认

农贸市场或超市里有各种各样的食品，你认识它们吗？

想一想

你能给它们分分类吗？

_____

_____

_____

_____

讨一讨

下图中的小朋友做得对吗？为什么？

宝贝，
快点补充今天的蛋白质！

不爱吃！

不好吃！

真难吃，不吃了！

蔬菜是人们生活中必不可少的食物之一。蔬菜可提供人体所必需的多种维生素和矿物质，人体必需的维生素C的90%、维生素A的60%来自蔬菜。此外，蔬菜中还有多种多样的被公认对健康有益的植物化学物质，如类胡萝卜素等。

肉类分为畜肉和禽肉两种。畜肉包括猪肉、牛肉和羊肉等；禽肉包括鸡肉、鸭肉和鹅肉等。肉类食品能提供人体所需要的蛋白质、脂肪、无机盐和维生素等，对于儿童的生长发育十分重要。

鱼类富含儿童生长发育所需的最主要营养物质——蛋白质，鱼类中的蛋白质包含各种氨基酸，是优质蛋白食物，而且鱼类优于禽畜产品，更易消化吸收。此外，鱼类还含亚麻酸、花生四烯酸等人体必需的营养物质。

合理饮食儿歌

小兔小兔你别闹，
萝卜没长好，
你吃营养少。
待到又大又胖时，
新鲜可口有味道！

小狗小狗你别叫，
栗子长虫了，
你可不能咬。
不吃腐烂变质肉，
每天千万要做到！

小乌龟爱挑食，
一粒大米吃三次，
脖子细细，尾巴细细，
耷拉着眼皮没力气。

小老鼠爱挑食，
只吃花生巧克力，
脖子细细，尾巴细细，
蔫头耷脑没力气。

小熊一点儿不挑食，
米饭、青菜、肉和鱼，
大口大口吃下去，
脸蛋红红笑嘻嘻！

小朋友你别吵，
读书上学要起早，
别因迟到不吃好。
合理饮食助健康，
三餐把牢身体棒！

41 煮鸡蛋

鸡蛋营养丰富，富含蛋白质、胆固醇等，对神经系统和身体发育有着重要作用。

看一看

鸡蛋黄中的卵磷脂、甘油三酯、胆固醇和卵黄素，对神经系统和身体发育有着重要作用，可延缓智力衰退。卵磷脂被医学专家视为阿尔茨海默症的克星，还可防止动脉粥样硬化。

鸡蛋中的蛋白质对肝脏组织损伤有修复作用。适量吃鸡蛋，是不少长寿者延年益寿的经验。

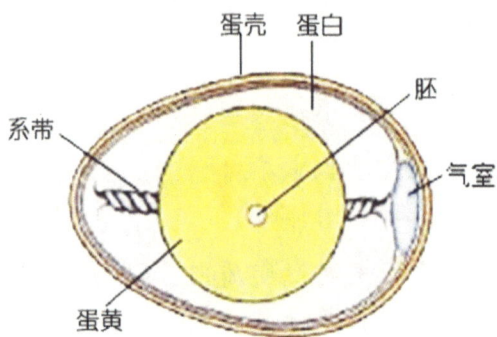

做一做

煮是鸡蛋最常见的做法之一，若煮鸡蛋的方法得当，可使煮出来的鸡蛋的营养吸收率达到100%。煮鸡蛋也因此而成为深受追捧的早餐。

煮鸡蛋"三部曲"

煮鸡蛋看似简单，却很有学问。若煮法不当，就会破坏鸡蛋的营养成分。

①将新鲜鸡蛋洗净，放在盛水的锅内浸泡一分钟，然后用小火烧开。这是为了防止鸡蛋在烧煮过程中蛋壳爆裂。

②小火烧开后，再改用文火煮8分钟即可。煮的时间过长，蛋黄中的亚铁离子会与硫离子产生化学反应，形成硫化亚铁褐色沉淀，从而妨碍人体对铁的吸收。

③煮熟的鸡蛋应让其自然冷却，或放在凉开水、冷水中降温半分钟，这样容易剥皮。

评一评

假期在家试着做一做，看看你能得几颗星。

自己评：☆☆☆☆☆

家长评：☆☆☆☆☆

42 包馄饨

读一读

古代中国人认为馄饨是一种密封的包子，没有七窍，所以称为"浑沌"。依据中国造字的规则，后来才称为"馄饨"（hún tun）。一开始，馄饨与水饺并无区别。唐朝起，才正式区分了馄饨与水饺。

我们乐清有一家老字号的"佬香馄饨"，让我们一起去看看吧！

我知道

"佬香馄饨"主要有鲜肉馄饨和燕皮馄饨两种。

以鲜肉馄饨为例，需要的材料有：

主料：猪肉

配料：葱、姜、黄酒、盐、胡椒粉等

馅料做法：把鲜肉打成肉馅，在里面放些葱末、姜末，这样不仅可以去腥也可以把葱末和姜末的美味融入肉馅里。然后放入调味料（不要放太多），还可以加一两个鸡蛋，这样可以让肉馅看起来更加有光泽和润滑感。

根据包法和形状的不同，馄饨通常分为四种：官帽式、枕包式、伞盖式、抄手式。今天我们就来学学官帽式馄饨的包法吧！

步骤一：馅料放在馄饨皮中间。

步骤二：沿对角线折成三角形。

步骤三：在面皮两端各抹少许水。

步骤四：用手拿起来折叠后按紧。

步骤五：只折一端，另一端还是呈三角状直立，两边粘在一起就完成了。

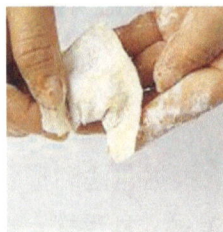

试一试

让我们一起动手试一试吧！

比一比，看看哪组做得最棒！

组 名	数 量	外 形	味 道

43 选购食品

食品是人们赖以生存的物品，是人们生活中最基本的必需品。生活中，应如何正确选购食品呢？

小贴士

购买有包装的食品时，要注意食品的生产日期和保质期，拒绝"三无"产品。

看一看

认真观察下面图片中的食品，如果觉得可以购买请打"√"，不可以购买请打"×"。

（　　　）

议一议

小张同学在学校门口的一家小店里买了一包辣条，吃完之后肚子开始不舒服。刚开始他也没有重视，可是后来肚子越来越疼，疼得他在地上直打滚。家长把他送到医院，医生鉴定他是吃了不干净的食物引起了肠道感染，于是给他催吐、打点滴。经过治疗，小张同学的肚子终于不疼了。

同学们，你们觉得小张同学肚子疼是什么原因造成的呢？

_____

_____

请给小张同学提一些购买食物的建议。

_____

_____

选购蔬菜

蔬菜是人们日常生活中必不可少的食物，可以为人体提供维生素和矿物质等营养物质，人们多吃蔬菜有助于保持身体健康，预防疾病。不过挑选优质的蔬菜可是一门学问。今天我们一起学习如何挑选蔬菜吧。

认一认

同学们，你们认识下面的蔬菜吗？

将上面的蔬菜分类填入横线上，再多写一些同类蔬菜。

叶菜类	
根茎类	
豆类	
菌类	
果菜类	

读一读

购买蔬菜的秘籍

土 豆

尽量选圆的没有破皮的，因为越圆的越好削。一定要选干皮的，不要选水泡的，不然不宜保存，口感也不好。不要选有芽的或发绿的。

辣 椒

尖辣椒有辣和不辣两种，一般果肉越薄，辣味越重。柿子形的圆椒多为甜椒，一般果肉越厚越甜脆。如果你比较重视营养，可买红椒吃，因为红椒的维生素C和胡萝卜素含量比青椒多，只是口感不如青椒脆嫩。

番 茄

到市场上买番茄，首先要明确是打算生吃还是熟吃。如果要生吃，当然买粉红的，因为这种番茄酸味淡，生吃较好；

要熟吃，就应买大红番茄，因为这种番茄味浓郁，烧汤和炒食风味都好。

冬 瓜

冬瓜有青皮、黑皮、白皮三个类型。黑皮冬瓜肉厚，可食率高；白皮冬瓜肉薄，质松，易入味；青皮冬瓜则介于两者之间。

冬瓜以黑皮为佳。这种冬瓜果形如炮弹（长棒形）。买时选瓜条匀称、无热斑（日光的伤斑）的买。

萝 卜

萝卜分为长萝卜、圆萝卜、小红萝卜三个类型。不管哪种萝卜，都以根形圆整、表皮光滑为佳。一般说来，表皮光滑的往往肉细，所以首选表皮光滑的。

做一做　今天你来做几盘菜吧！想一想要做什么菜，做这些菜需要用到哪些食材，请完成下面的菜单和购物清单。

菜单

购物清单

45 制作贺卡

贺卡是在节日、纪念日、生日时赠送的具有纪念意义的精美艺术品。它能显示爱心，表达美好的祝福。

看一看

说一说

制作贺卡需要准备哪些工具呢？

1.彩色卡纸　　　　　2.剪刀　　　　　3.＿＿＿＿＿＿

4.＿＿＿＿＿＿　　　5.＿＿＿＿＿＿　　6.＿＿＿＿＿＿

做一做

贺卡的制作步骤：

第一步：构思、设计。

第二步：准备一张较厚的纸，按所需形状剪裁。

第三步：选材、配色。

第四步：剪贴。

第五步：书写或剪贴赠言。

Hi，你想好了为谁制作贺卡了吗？打算做一张什么样的贺卡呢？别忘了做之前先在纸上用铅笔画出设计稿哦！

评一评 做完后互相评一评。

最佳创意奖

最佳色彩奖

最暖赠言奖

别忘了把你制作的贺卡送出去哟！

最佳工艺奖

46 遵守交通规则

看一看

不遵守交通规则
的后果真的太触目惊心!

认一认

禁止行人通行

禁止右转弯

禁止左转弯

禁止直行

禁止向左向右转弯

禁止驶入

禁止机动车通行

禁止载货汽车通行

禁止三轮机动车通行

禁止大型客车通行

记一记

交通安全顺口溜：

交通安全很重要，交通规则要牢记，从小养成好习惯，不在路上玩游戏。

行走应走人行道，没有行道往右靠，天桥地道横行道，横穿马路不能做。

一慢二看三通过，莫与车辆去抢道，骑车更要守规则，不能心急闯红灯。

乘车安全要注意，遵守秩序要排队，手头不能伸窗外，扶紧把手莫忘记。

议一议

在你的周围，有不遵守交通规则的现象吗？为了让同学们更自觉地遵守交通规则，让我们一起制定一个遵守交通规则倡议书吧！

倡 议 书

_____

_____

_____

_____

交通警句

行万里平安路，做百年长乐人。

47 注意乘车安全

乘车是人们常用的出行方式，我们一定要注意乘车安全。

想一想

你一定乘过车吧，在乘车时要注意什么呢？

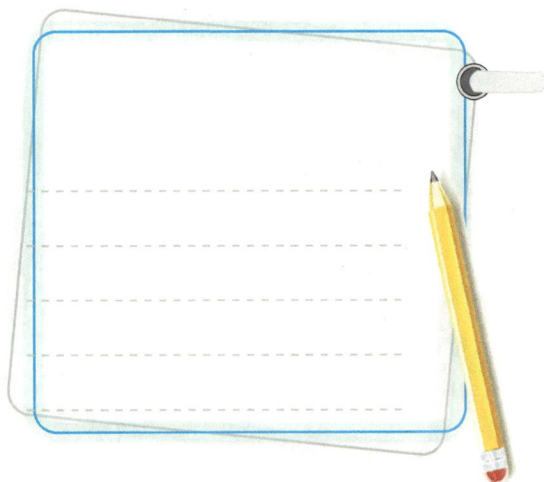

小贴士

乘车时，要系好安全带，并且不要和司机交谈。

看，小朋友们都排好队上车了！

乘坐公共车辆应该遵守公共秩序，讲究社会公德，注意交通安全。

候车时，应依次排队，站在道路边或站台上等候，不应拥挤在车行道上，更不准站在道路中间拦车。上车时，应等汽车靠站停稳，先让车上的乘客下车，再按次序上车，不能争先恐后。上车后，应主动买票，主动给老人、病人、残疾人、孕妇或怀抱婴儿的乘客让座。车辆行驶时，要拉住扶手，不能将头、手伸出车窗外，以免被来往车辆碰擦。

下车时，要依次而行，不要硬推硬挤。下车后，应随即走上人行道。需要横过车行道的，应从人行道内通过，千万不能在车前车尾急穿，这样很不安全。

记一记

乘车礼仪

①自觉排队候车，注意保持候车地点的整洁，有秩序地上下车。

②在车内不吃东西，文明乘车，自觉保持车厢洁净。

③在车上不做危险动作，注意乘车安全。

你能和小伙伴一起编一首
《安全乘车小口诀》吗？

48 消灭老鼠、蟑螂

家里有老鼠、蟑螂是件令人头痛的事。同学们，你们知道怎样才能消灭它们吗？

说一说

①家里蟑螂多该怎么办呢？
②怎样才能把可恶的老鼠、蟑螂消灭干净呢？

别急！让我们先弄清它们的生活习性。

老鼠档案

活动地点：＿＿＿＿＿＿＿＿＿＿＿＿＿＿＿＿

活动时间：＿＿＿＿＿＿＿＿＿＿＿＿＿＿＿＿

危害：＿＿＿＿＿＿＿＿＿＿＿＿＿＿＿＿＿＿

蟑螂档案

活动地点：_____

活动时间：_____

危害：_____

消灭老鼠

①彻底断绝鼠粮，及时清除垃圾。
②剩饭剩菜密封加盖。
③毒饵投放要靠墙边鼠路、鼠洞口和其他隐蔽处。
④将药投放在干燥无水之处。
⑤投药后要及时清理死鼠。
⑥按国家规定使用慢性鼠药，如果要使用急性鼠药，应有专业人员指导。

消灭蟑螂

①搞好环境卫生，清理卫生死角。
②用杀虫剂喷洒。喷洒前食物要拿走，时间宜在晚饭后。关闭门窗，密闭1—2小时，人离开室内。
③空瓶诱捕。在空罐头瓶中放入一小块面包或其他香甜食品等进行诱捕。
④将毒饵分点放置在蟑螂经常出没的地方。

加入消灭老鼠、蟑螂的行列！

准备：_____   注意事项：_____

行动：_____   体会：_____

49 预防近视

近年来，我国青少年儿童近视发病率逐年增高，这与青少年儿童缺乏户外运动、过度无节制近距离用眼等原因有关系。近视给生活带来不便，高度近视也容易导致视网膜变性与裂孔、视网膜脱落等问题，所以预防近视刻不容缓。

写一写

同学们，你们可以想出赞美眼睛的成语吗？

_____ _____ _____ _____

读一读

读下面这篇文章，总结一下引起近视的原因。

4岁女童近视达600度

有这样一则新闻引起了家长的关注：据某位家长称，她4岁的女儿最近总是眯眼看东西，还经常说眼睛疼痛不舒服。经过检查后家长惊呆了，女儿竟然近视600度。家长说，女儿经常抱着平板看动画，一看就是好几个小时，难怪视力会下降得那么快。

平板等电子产品确实很伤眼睛，但它们是破坏孩子视力真正的"凶手"吗？并不是！引起近视的原因主要如下。

1.遗传影响

如果父母都近视，并且度数相对较高，那么未来他们的孩子在发育过程中，就容易出现视力方面的问题。建议家长们经常带孩子到医院进行相关检查，分阶段了解孩子的视力发育情况，如果遇到问题，医生也会尽早给出治疗方案，让孩子的视力尽可能得到恢复。

2.饮食影响

大部分孩子都很喜欢吃糖，殊不知糖分太多，不仅不利于健康，对视力也有影响。当孩子摄入大量糖分后，代谢过程中就会消耗掉体内大量的维生素B_1。如果孩子身体中维生素B_1过少，视觉神经发育就会受到阻碍，所以孩子吃过多的糖，是有可能影响视力的。建议家长适当控制孩子吃糖，日常饮食中可以多摄入一些维生素B_1含量丰富的食物。

3.用眼时间

真正让孩子视力大幅下降的原因，其实是孩子用眼没有节制。就好像上文中提到的4岁女童，一看动画就是好几个小时，连续用眼必然会导致眼部肌肉、神经疲劳。长期如此，视力就会下降。建议家长不要纵容孩子过度使用平板、手机，单次使用时间最好控制在20分钟以内，到点就休息眼睛。闭眼放松或者眺望远方，都可以起到保护视力的作用。

想一想

同学们，读了上面这篇文章，你们可以想一想有哪些预防近视的办法？

_____

_____

_____

⑤⓪ 流鼻血怎么办

体育课上，王明和几个同学在一起打篮球，他们奋力抢夺篮球，就在这时王明被同伴抛来的篮球砸到了鼻子，他急忙捂住自己的脸部，可是鲜血还是从他的指缝间流了出来。同学们急忙围了上去……

说一说

你有什么好办法，能让王明止住鼻血呢？

想一想

还有哪些方法可以止住鼻血呢？我们一起来想一想。

①让他的头向前倾，捏住双侧鼻翼3—15分钟。

②有条件的情况下也可采用冰袋冷敷的方法，将冰袋放在前额或后颈部位。

③如果流鼻血时间较长，就要前往医院。

议一议

流鼻血的原因有哪些呢？应该如何防护？

_____

_____

_____

当鼻腔过于干燥时，里面的毛细血管就会破裂，导致流血。从临床上来看，90%的流鼻血现象都属于血管破裂导致的血管性流血。对此，患者不用太紧张，大多数情况下可以自行处理，及时止血即可。

大部分儿童的鼻出血多发生在鼻中隔。鼻中隔血管网是鼻腔易出血区，位置比较靠前。鼻腔内有一层粉红色的黏膜，黏膜上分布着丰富的血管。当吸入外界空气时，鼻黏膜具有加热、加温、加湿和过滤空气的作用。气候干燥，鼻黏膜易干燥、结痂甚至出血。有的孩子爱用手指挖鼻孔，这样易损伤鼻黏膜，造成出血。

流鼻血时，一般人都习惯于将头向后仰，鼻孔朝上，这样不但不易止血，还会使鼻腔内已经流出的血液因姿势及重力的关系向后流到咽喉部，会被吞咽入食道及胃肠，刺激胃肠黏膜产生不适感或呕吐。出血量大时，还易吸呛入气管及肺内，造成危险。正确方法是：保持正常直立或稍向前倾的姿势，压迫止血。即使有少量的凝血块堵住鼻腔也没有关系，凝血块中的凝血物质可有助于血液凝固，急于把它擤出，易导致再出血。如果出血量较大，就要及时就医。

51 意外伤害的自我防治

生活中，我们难免会受伤，面对意外伤害该如何自我防治呢？

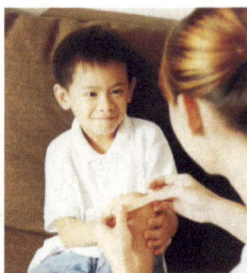

看一看

想一想

遇到意外伤害该怎么办呢？

我有好办法

分好小组，选择一种意外受伤的情况，试一试，看谁的救助方法好。

烫伤的处理方法：被烫伤以后，要尽快脱离热源，然后用凉水冲患处，一般要20分钟左右，或是直到疼痛感明显降低才行，千万不要随意上药。烫伤面积如果过大，就要及时就医。

气管异物的处理方法：正确的急救方法是海姆立克急救法，也就是腹部冲击法。海姆立克急救法是针对1岁以上被噎者的急救方法。这里只介绍被噎者有意识的施救方法。施救者站在被噎者背后，用两手臂环绕其腰部，一手握拳，将拳头的拇指一侧放在被噎者剑突下方肚脐上方两横指处。再用另一只手抓住拳头，快速向上向后冲击压迫被噎者的腹部。重复以上手法直到异物排出。如果被噎者体型太大，施救者无法用双臂环抱，则用双臂环绕被噎者的胸部，用力快速按压胸部，而非腹部。

52 自我形象设计

同学们，如果有机会，你们会设计出怎样的自我形象呢？

看一看 "画得好像！" "这张更像，好酷呀！"这几天，某艺术学院广告设计专业的同学们在教学楼大厅里秀出了全班的漫画作品，一幅幅灵气闪烁的图画引得师生驻足观看。

林同学的自我形象设计

龚同学的自画像

他们设计得真棒！

试一试

设计自我形象，在设计中张扬出独特的个性。

评一评

谁设计得最棒？为什么？

53 做番茄炒蛋

番茄炒蛋是一道色香味俱全的热菜，今天我们将学习番茄炒蛋的做法。

工具： 铁锅、盘子、锅铲。

原料： 鸡蛋2个，西红柿150克，植物油4汤匙，盐、味精适量，糖1汤匙。

想一想

①将番茄切成怎样的块比较好？

②如何把握火候？火太旺容易烧焦，时间短了菜生，时间长了菜又老了，口味差且破坏了营养。

③炒蛋到什么时候加入番茄比较好？

学一学 番茄炒鸡蛋步骤

第一步：番茄去蒂，切十字刀下锅烫，烫好的番茄泡一下冷水，热胀冷缩，皮肉就很容易分离，将番茄切成适当大小。

第二步：切葱花，姜去皮切末。

第三步：蛋打匀加少许盐，淀粉兑水。

第四步：炒锅放3汤匙油烧热，将鸡蛋放入锅中炒熟盛出待用。

第五步：将剩余的油烧热，放西红柿块翻炒，放盐、糖炒片刻，倒入鸡蛋翻炒几下出锅即可。

展示台：

放学回家为父母做一盘番茄炒蛋。

54 做蛋炒饭

蛋炒饭是一道家常菜，口感松软，样式丰富，深受大家喜爱。

准备原料：

米饭2—3人份，鸡蛋2个，香葱适量，胡萝卜小半根，青椒半个，芹菜适量，豆腐干4小块，玉米粒适量，盐、胡椒粉各适量。

学一学 蛋炒饭的做法

第一步：把所有材料切成小丁，胡萝卜和芹菜可以提前焯一下水，也可省去这步直接炒。

第二步：取个大容器，打入2个鸡蛋，打散后倒入米饭，搅拌均匀，使每一粒米都裹上一层蛋液。

第三步：炒锅置火上，倒入少许油，烧热后倒入浸过蛋液的米饭，中小火不停翻炒，直至米粒松散开来，粒粒金黄；然后倒入除香葱外的所有配菜，继续翻炒均匀，加盐和胡椒粉调味；最后临出锅前放入香葱末，拌炒均匀后即可盛出。

做一做

看看哪组做的色、香、味俱全。

评一评

放学回家做一道蛋炒饭，请家人品尝，看看你能得几颗星。

自己评：☆☆☆☆☆

家人评：☆☆☆☆☆

55 做水果拼盘

水果拼盘里有各式各样的水果，造型生动、形态各异，可满足不同口味的人的需求。

知识窗

我们可以根据想象将各种颜色的水果艺术地搭配成一个整体，通过艳丽的色彩将人们对食物的欲望唤起。水果颜色的搭配一般有对比色搭配、相近色搭配及多色搭配三种。红配绿、黑配白便是标准的对比色搭配；红、黄、橙可算是相近色搭配；红、绿、紫、黑、白可算是多色搭配。

水果拼盘制作方法知多少？

学一学

加工工艺：

刀法：切、雕、镂、刻　　　制作：拼、叠加

造型类型：

平面造型的拼盘：以盘面为基体用平铺的方式设计。

立体造型的拼盘：以盘底为基底用叠加的方式设计。

平面、立体结合可多角度观赏的设计。

常见造型用料及加工：

立体造型：西瓜、葡萄、哈密瓜、西兰花，切、拼、叠加。

平面造型：西瓜、哈密瓜、黄瓜、橙子、樱桃，切、拼。

立体、平面结合：西瓜、菠萝、龙眼、葡萄，雕、切、拼。

做一做

"心动不如行动"，让我们以小组合作的形式赶快动手吧！

评一评

最佳创意奖：_____

最佳味道奖：_____

最佳营养奖：_____

色香味俱全奖：_____

议一议

不同的人对水果的要求可不一样噢。了解一下，针对不同的人群应该制作怎样的水果拼盘……

56 剪窗花

窗花是贴在窗纸或窗户玻璃上的剪纸，是中国古老的传统民间艺术之一。

读一读

剪纸是一种非常普及的汉族民间艺术，千百年来深受人们的喜爱。因剪纸大多被贴在窗户上，所以人们一般称其为"窗花"。新春佳节时，中国许多地区的人们喜欢在窗户上贴上各种剪纸窗花。窗花不仅烘托了喜庆的节日气氛，而且也为人们带来了美的享受，集装饰性、欣赏性和实用性于一体。

知识窗

窗花的类型丰富、题材广泛。因窗花的购买者多为农民，故窗花有相当多的内容表现农民生活，如耕种、纺织、打鱼、牧羊、喂猪、养鸡等。窗花以其特有的概括和夸张手法将吉祥、美好的愿望表现得淋漓尽致，将节日衬托得红火富丽、喜气洋洋。

窗花是汉族民间剪纸中分布最广、数量最大、最为普及的品种，分为南北风格。南方以精致为美，其特点是玲珑剔透；北方以朴实生动为美，其特点是天真浑厚。其他剪纸品种都是在窗花基础上发展与延伸的。人们在春节期间贴窗花，以达到装点环境、渲染气氛的目的，并寄托着辞旧迎新、接福纳祥的愿望。

多么漂亮的窗花呀！

让我们来学一学关于窗花的歌曲吧！

剪窗花（山西民歌）

银剪剪嚓嚓嚓，
巧手手呀剪窗花，
莫看女儿不大大，
你说剪啥就剪啥。
啊儿哟，
祖祖辈辈多少年，
剪开多少愁圪瘩。
不管风雪有多大，
窗棂棂上照样开红花。

银剪剪嚓嚓嚓，
巧手手呀剪窗花。
奶奶她喜呀妈妈夸，
女儿就像画中画。
啊呀哟，
一扇一扇红窗花，
映出一代好年华。
老辈的嘱咐女儿的爱，
红红火火暖千家，暖千家。

57 养金鱼

金鱼是美丽多姿的水生小动物，十分惹人喜爱。饲养和观赏金鱼，给我们的课余生活带来了许多乐趣。

百宝箱

材料：鱼缸、水（自来水和井水要在阳光下晒2—3天）、小金鱼、饵料。
工具：水桶、小捞网。

猜一猜

除鱼缸外，还有哪些容器也可以养金鱼？

做一做

将在阳光下曝晒过的水倒入鱼缸中，大约倒三分之二缸水。

用小捞网把金鱼捞入鱼缸中，一般中等鱼缸可养3—5尾小金鱼。

将鱼缸放在室内采光好的地方。

饵料投喂要坚持定时定量的原则。

想一想

如果长时间不换水，金鱼会因缺氧而死亡，所以每隔一段时间（约20天）应换水一次。换水的方法是把鱼缸底部的污物连同下面的一半陈水抽出缸外，然后加入在阳光下晒了2—3天的等量新水。想一想，应怎样抽出鱼缸底部的污物与陈水？再按你的方案试一试。

比一比，谁养的金鱼最好？

58 学泡茶

中国是茶的故乡，是茶的原产地。在我国，茶被誉为"国饮"。古代中国，上至帝王将相，文人墨客，下至平民百姓，无不以饮茶为好。"文人七件宝，琴棋书画诗酒茶"。茶通六艺，是我国传统文化艺术的载体。茶被人们视为生活的享受，提神的饮料，友谊的纽带，文明的象征。

茶在水中缓慢舒展、游动、变化的过程，被人们称为"茶舞"。下面我们来学习绿茶的泡法。

学一学

第一步：准备透明玻璃杯，置入适量适温的开水后，投入3—5克绿茶。

第二步：静待茶叶下沉。

第三步：茶叶在杯中逐渐伸展，汤明色绿。

第四步：欣赏茶叶起浮及舒展的过程。

第五步：待茶叶完全下沉后即可品饮。

泡绿茶不能用100℃的沸水冲泡，一般以80℃左右为宜。

做一做

①放学回家后为家人泡一杯绿茶，但一定要注意别被水烫着哟！

②上网或查阅书籍，了解其他茶叶品种的冲泡方法及茶文化。

59 学跳竹竿舞

竹子有许多用途，不仅可以编竹编，还可以用来跳舞。竹竿舞，是一种少数民族的舞蹈，因为其节奏欢快，简单易学，在年轻人中十分流行。今天，我们就来学习跳竹竿舞。

百宝箱

跳竹竿舞所需要的工具很简单，主要有跳竹和座竹：跳竹，细竹竿，直径3—5厘米，一般有8根；座竹，粗竹竿，长4—5米，直径5—8厘米，一般有2根。竹竿呈"井"字形摆放，座竹放在地上不动，跳竹放于座竹之上，便于操作。

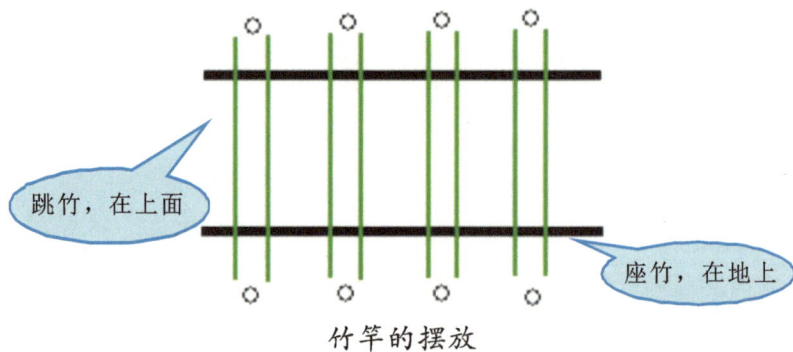

跳竹，在上面

座竹，在地上

竹竿的摆放

1.学习打竿

打竿者两人一组，分散在竹竿两边，或蹲或坐。两人对持同一副竹竿，按统一节奏打竿。

蹲打

坐打

2.打竿节拍

打竿节拍关系到竹竿舞的节奏以及竹竿舞表演是否成功。打竿的节拍和方法灵活、多变，具体节拍分为三种：

(1)开合 开合 开合。

(2)开合 开合 开合合。

(3)开开 合合 开开合。

3.跳竿技术

跳舞者在两击竿的内、外欢跳，务必合拍，否则击竿会击到脚。跳法主要有：单腿跳，双腿并跳，分腿跳，以及翻跟斗跳。

单腿跳

双腿跳

评一评

2人打竿，小组内其余同学跳竿。

☺ 最佳跳竿者	最佳打竿者 ☺

60 了解手工编织

编织在我国有着悠久的历史，是深受人们喜爱的一种手工技术。

读一读

中国编织工艺品按原料划分主要有竹编、藤编、草编、棕编、柳编、麻编等 6 大类；按用途分主要有日用品、欣赏品、家具、玩具、鞋衣帽等 5 类。

编织工艺品中丰富多彩的图案大多是在编织过程中形成的；有的编织技法本身就形成图案花纹。常见的编织技法有编织、包缠、钉串、盘结等。

说一说

织毛衣需要准备什么材料？

知识窗

手工编织艺术作为历史悠久的传统手工技艺，具有浓厚的艺术价值与文化价值，展示出了长久的生命力。从一定程度上来说，手工编织艺术是人们勤劳、智慧的象征，而手工编织艺术的不断发展与完善则是人们的精神文化水平不断提高的表现。随着时代的发展和变迁，传统的手工编织艺术发生了巨大的改变，展现出独特的魅力。

61 认识十字绣

十字绣具有悠久的历史，最初在宫廷中风行，后来传入民间，广泛流行于欧洲、亚洲等国家。最早的十字绣是用从蚕茧中抽出的丝线在动物毛皮做的织物上刺绣，这种十字绣在许多国家被人们用来装饰衣服和家具。由于各国的文化不尽相同，随着时间的推移，各国的十字绣形成了各自的风格，无论是绣线、面料的颜色还是材质，都别具匠心。

读一读

十字绣被人称为"傻子绣"，原因是它的绣法简单，只要在打满"十"字网状的布料上，将五颜六色的丝线，以"十"字叉的方法刺绣，就能绣出图案来。就算平时对手工很不在行的你，只需花一点点时间，一点点耐心，再加上一点点用心，就能完成一幅令你自己也觉得很有成就感的十字绣作品。

下面这些十字绣作品你肯定见过！

十字绣壁挂

十字绣手机链

十字绣靠枕

十字绣挂钟

做一做

十字绣绣法基本步骤：

第一步：选择图案；

第二步：准备绣线；

第三步：确定中点；

第四步：开始绣制。

议一议

在制作十字绣的过程中，会碰到哪些困难呢？

①绣线太长，会断掉。（一般绣线长度是1米，我们可以将其对折成50厘米，这样可以降低绣线的摩擦力度）

②绣错了怎么办？（如果是小的错误可以把正确的颜色盖在错误的颜色上面；如果错绣在空白处或者错位了很多，那就没有其他办法只能拆掉了）

③_____

④_____

62 学做竹编小球

同学们，你们小的时候玩过竹编小球吗？几根竹篾来回穿插，就形成了一个圆球。当你了解了它的结构，你会惊叹发明者的智慧。

知识窗

据考古资料证明，早在战国时期，中国民间便开始流行蹴鞠（类似今天的足球活动），最早使用的球便是竹子编的。那时候人们就地取材，用石斧、石刀等工具砍来植物的枝条编成球。在实践中，人们发现竹子开裂性强，富有弹性和韧性，而且能编易织，坚固耐用，于是竹编小球便成了蹴鞠最常使用的球类。

议一议

你认识这些工具吗？制作竹编小球，需要用到哪些材料？

 **做一做** 竹编小球制作步骤：

第一步：竹青篾（竹子的表皮）6根，长度根据要编织的球的大小而定。

第二步：先编一个五角星，用5根青篾，一根青篾搭在另一根青篾上，依次循环。

第三步：把剩下的一根青篾绕三圈捆扎成一个竹圈，把五角星在下面的那根青篾拿起来，把竹圈放入五角星里面，这个时候就有球的基本形态了。

第四步：球的每一个面都是一样的，可以编大一点的，也可以编小一点的，一般在5—15厘米最合适。

 **想一想** 我们还可以用竹子编出哪些东西呢？

竹编小铃铛

竹编花瓶

63 学烧糖醋排骨

排骨有好几种烧法，有红烧的，有清炖的……今天我们来学烧糖醋排骨吧！

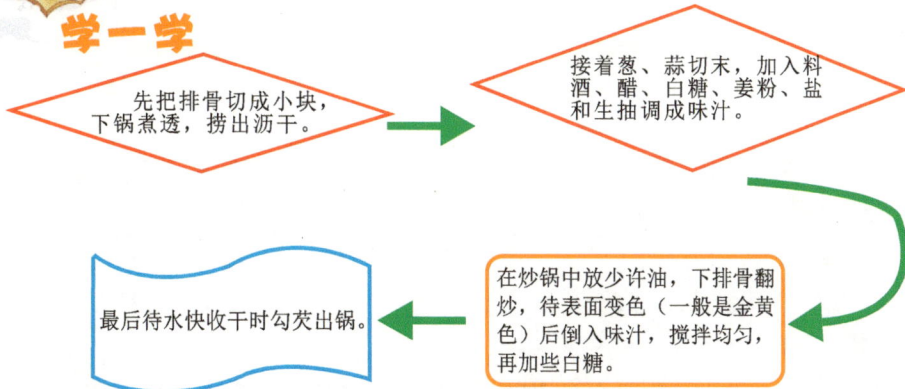

看一看

学一学

先把排骨切成小块，下锅煮透，捞出沥干。

→

接着葱、蒜切末，加入料酒、醋、白糖、姜粉、盐和生抽调成味汁。

在炒锅中放少许油，下排骨翻炒，待表面变色（一般是金黄色）后倒入味汁，搅拌均匀，再加些白糖。

最后待水快收干时勾芡出锅。

哈哈，一盘色香味俱全的糖醋排骨就烧好啦！

注意事项

①料酒、酱油可多放些，酱油一定要后放。
②一定要多翻炒，这样排骨的色泽才会均匀好看。

议一议

中国的八大菜系是什么，你能举出其中的几道名菜吗？

64 学炒青菜

今天小小当家，他起了个大早，去菜市场买了菜，准备回家给爸爸妈妈露一手呢！他做的第一道菜就是炒青菜。炒青菜看起来很简单，做起来可不容易哦！我们来看看小小是怎么做的吧！

学一学

准备材料：

青菜、食用油、盐、味精

做法：

第一步：将青菜去掉黄叶，清洗干净。

第二步：切去根部，切成6厘米左右的长段。

第三步：将锅烧热，放适量食用油，待油烧热后，将菜倒入翻炒，炒一会儿后放盐、味精。

第四步：继续翻炒一两分钟后，即可装盘。

一盘香脆可口的炒青菜做成了！同学们，你们也来试试吧！

我在炒菜的时候遇到了这些困难：

我的收获是：

65 学煮饭

电饭煲是我们日常生活中的好帮手，我们每天都要和它打交道。今天我们学习如何使用电饭煲煮饭。

百宝箱

米、电饭煲、淘米筐

电饭煲使用说明书

想一想

看了电饭煲的使用说明书后，你有哪些感想？请写在空白处。

不同的电饭煲，有不同的使用方法。

学一学

一、简易电饭煲的使用

①淘米。

②用抹布将电饭煲的内胆外部擦干。

③将米倒入电饭煲中，再加入适量的水。

④插上电源。

⑤按下按键，当红灯跳转后表示烧熟，请再焖15分钟。

⑥用饭勺将饭翻松。

二、新型电饭煲的使用

①使用电饭煲前，先阅读使用说明书，并了解电饭煲各个按键的功能，如图1所示。

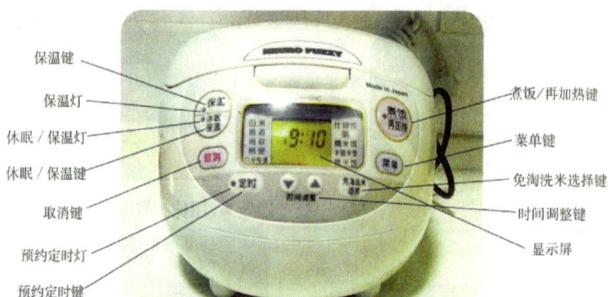

保温键
保温灯
休眠／保温灯
休眠／保温键
取消键
预约定时灯
预约定时键

煮饭／再加热键
菜单键
免淘洗米选择键
时间调整键
显示屏

图1

②煮饭之前，用量米杯取适量的米倒入淘米篮中，用水先将米淘洗干净。

③将淘洗好的米倒入内锅，根据自己的口味，按照说明书的要求放入适量的水。一般电饭煲内锅的内壁上都会有水量的参考刻度。

④将内锅外部擦干后再放入电饭煲，这一点非常重要。

⑤接通电源，按"菜单"键选择煮饭的种类。

⑥按下"煮饭/再加热"键，煮饭就开始了。只要时间一到，电饭煲就会用音乐或灯光提示，并开始"保温"。

⑦煮饭结束以后，请马上进行搅拌，这样可以防止米饭结块或是粘锅，并使米饭变得更松软。

⑧使用结束后按"取消"键，拔下电源插头。

⑨用饭后，将内锅清洗干净，擦干后放入电饭煲内。

提示：一般饭煮好以后，电饭煲会自动保温，也可以通过按"休眠/保温"键来控制。

有的电饭煲还有预约、定时功能，将米淘洗好以后放入内锅中，加入适量的水，插上插头，调整好时间或者按下预约的时间，再按下"煮饭/再加热"键，到了预定的时间，米饭也就煮好了。

66 学做蛋挞

蛋挞，又称奶油塔，它的做法其实很简单。今天，我们就一起来做蛋挞吧！

认一认 我们一起来认一认做蛋挞要用到的工具吧。

| 烤箱 | 打蛋盆、打蛋器 | 电子称 |

材料准备：

牛奶　100毫升　　　细砂糖　25克

鸡蛋　2个　　　　　淡奶油　65毫升

蛋挞皮　8个

制作过程：

第一步：将盆放在电子秤上，依次加入牛奶、细砂糖、两个鸡蛋、淡奶油。用电动打蛋器搅打均匀。

第二步：将蛋挞液过筛倒入量杯中。

第三步：将量杯中的蛋挞液倒入蛋挞皮中，九分满。

第四步：放入预热好的烤箱，将温度调成200℃，烘烤时间为25分钟左右。

不同的烤箱，有温度差，烘烤时注意观察蛋挞表面上色情况，灵活调整烘烤温度和烘烤时间。最后拿蛋挞的时候要戴手套，防止烫伤。

读一读

做一做

同学们，我们一起做一做吧，看看哪组最棒！

组名	数量	外形	味道

议一议

在做蛋挞的过程中，你觉得最困难的是什么？

_____

_____

_____

今天你最大的收获是什么？

_____

_____

_____

把做好的蛋挞和同学、家人一起分享吧！

67 小发票 大学问

发票是购销商品、提供或接受服务及其他经营活动中，开具、收取的收付款凭证。

看一看

发票大家族

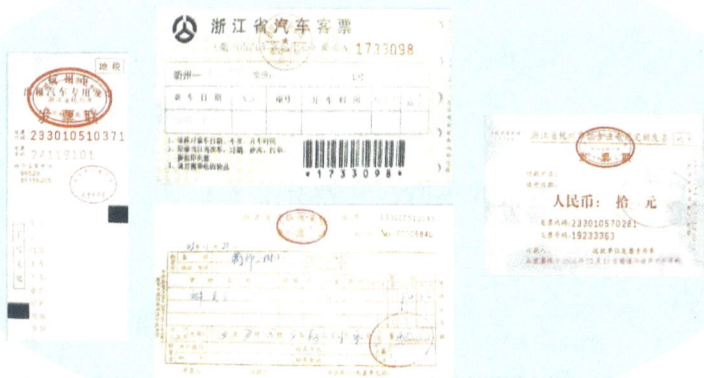

议一议

1.你家有索要发票的习惯吗？
　A.有　　　　B.没有　　　C.不知道
2.你家一般在什么场合索要发票？
　A.处处
　B.进行数额较大的交易时
3.你知道发票的用途吗？
　A.了解得很详细　　B.不知道　　C.模模糊糊了解一点

丁丁去文具店买东西，营业员给他开了一张发票。你能看懂吗？

浙江省 发票   133010510133
杭州 No 01925840

25年 11月 29日

购货方	名 称	羽帅(小)	纳税人识别件号									
	地址,电话		开户行及帐号									

货 物 名 称	规 格	单位	数 量	单价	万	千	百	十	元	角	分
辣卡夹								4	5		

合 计
人民币(大写) 〇万〇仟〇佰〇拾肆元伍角〇分   ¥ 45

销售方	开户银行		结算方式	
	帐 号		联系电话	

开票人: 收款人: 开票单位(未盖章无效)

想一想

填写发票时应注意什么？

大家谈

_____

_____

_____

_____

做一做   有机会一定要练习开发票哦！

68 小学生如何理财

小学生理财？大家可能会说："我们还是学生，还没赚钱呢，理财与我们有关系吗？"有这种想法是很正常的，甚至有一些家长也认为"只要教育孩子不要乱花钱就可以了"，"孩子想用就用呗，反正用的再多也是有限的"，"不用学，孩子长大了自然就会支配钱了"……其实这样的想法是不可取的，也是对孩子不负责任的表现。事实上，怎样让孩子学会花钱，是每一个家庭都会遇到的问题，也越来越被大家关注。

小故事

一个乞丐到一家乞讨，主人没有直接给他钱，而是叫他把屋前的几十块砖头搬到屋后，然后给了他十元钱，并对他说，这钱不是我给你的，而是你凭自己的能力挣来的。

想一想

主人为什么不直接给乞丐钱？
这个小故事给你什么启示？

我们应该从小就懂得 "我得凭自己的本领来挣钱，而不是靠别人的施舍与救济来度日"的道理。因为我们总要长大，总有一天要独立面对社会、面对未来，要走出对父母的依赖！下面我们来学做一个属于我们自己的账本：

日期	内容	收入	支出						结余
			买文具	买零食	买礼物	捐款	……	合计	
合计									

1.你一个月的支出是多少？用在了什么方面？哪些是不必要的支出？

2.根据本月的消费状况对下个月的开支做个预算，下月末比较一下实际消费是超了还是省了？如果超了，是什么方面超了，为什么超了？

69 查看电表和水表

学会查看电表、水表，不光是掌握了一项本领，更重要的是可以随时了解自己家里用电、用水的情况，并养成勤俭节约的好习惯。

看一看 同学们，你们认识这些表吗？在什么地方见过？

学一学 怎么查看水表和电表呢？

水表、电表一般都有数字显示，代表当前的累计用量，直接记录上面显示的数字就可以了。水表还有几个小指针，周围有0—9的数字，小指针指向的数字乘以对应的档位（分别代表0.1，0.01，0.001吨水）得到的是小数，一般可以不用记，只记整数就可以了。

水是生命的源泉，缺水对我们的生活有哪些影响呢？

地球上有很多水，但是大部分是咸水，淡水资源很少。我国水资源人均占有量只有2200立方米左右，约为世界人均占有量的四分之一。在我国600多个城市中，有400多个城市存在不同程度的缺水问题。

做一做

查看自己家的水表、电表、燃气表，计算本月应交费用，养成勤俭节约的好习惯。

70 小鬼当家

无论大家庭或者小家庭，每天都有一定的开支，应怎样有计划地安排自己家的支出呢？

下面是亮亮家一个月的开支情况。

内容 日期	全家收入		全家支出		亮亮的零用钱	
	金额	说明	金额	说明	金额	说明
11月1日 至 11月30日	6300元 4800元	爸爸 工资 妈妈 工资	1000元 25元 500元 300元 300元	伙食费 购书 外婆生日 购服装 买游戏机	50元 50元	买零食 买玩具
合计	11100元		2125元		100元	

评一评

亮亮家哪些是合理支出，哪些是不合理支出？

六年级（1）班的孙安同学，爸爸月收入5000元，妈妈月收入3000元。一天，一家人坐在一起讨论买东西

我要一个语音复读机，去杭州旅游时还想买台游戏机。

我要买健身器或跳舞毯，换29寸彩电。

我要买台电脑。

评一评

同学们，按全家收入情况，能满足每个人的愿望吗？

物品单价

物品名称	数量	单价
语音复读机	1个	400元
健身器	1台	2000元
跳舞毯	1条	1000元
游戏机	1台	500元
29寸彩电（国产）	1台	3000元
29寸彩电（进口）	1台	5000元
电脑	1台	7000元

做一做

如果让你来当这个家，你有什么设想？能设计出一个合理的方案吗？

71 中国传统节日

中国的传统节日形式多样，内容丰富，是我们中华民族悠久历史文化的组成部分。传统节日的形成过程，是一个民族或国家的历史文化长期积淀凝聚的过程。从这些流传至今的节日风俗里，还可以感受到古代人民生活的精彩画面。

我国的传统节日有哪些？
人们是怎么过这些节日的？

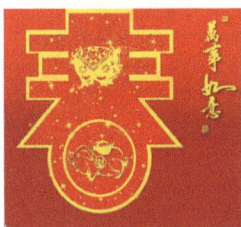   

| 春节 | 清明节 | 端午节 | 中秋节 |

你知道下面的图片反映的是我国的哪些传统节日吗？

试一试

小组合作，以故事、小品、相声等形式介绍一个传统节日的来历或者是人们是怎么过这个节日的。

议一议

你对我国传统节日中蕴含的民族文化有哪些了解？

谁一谁

传统节日的一些习俗该不该改变？

我的观点是：

大家比较统一的观点是：

做一做

1.分组对某一个传统节日进行更深入的探究。

2.对我国少数民族的节日进行调查研究。

评一评　我今天的表现

72 男生 女生

男生是土地，坚定中充满锐利；女生是春雨，善感而美丽。男生爱在篮球场上飞奔，女生喜在阳光下嬉戏。男生会自我鼓励："我要坚强，我要执着。"女生常对潮流讲："我会欣赏，我能把握。"男生、女生呀，共同撑起一片蓝天。男生、女生携起手来，共同构筑温暖、友爱的大集体。

说一说

每次大扫除，男生和女生在分工上都有哪些不同呢？

男生的任务	女生的任务

写一写

由男生、女生各派一名代表，在黑板上写出男生的优点和女生的优点。时间为一分钟，看谁写得又多又快。

160

优秀的男生应该具备以下特征：

①有雄心壮志，有宽广的胸襟。

②用理智解决问题，不逞匹夫之勇。

③具有不怕困难、百折不挠的坚强意志。

④有远见。

⑤有亲和力。

优秀的女生应该具备以下特征：

①热情乐观、独立而不娇纵。

②大方又宽容，有着吸引人的气质，有独特的人格魅力。

③对自己负责，敢作敢当，热爱学习，勤于思考。

小兰的困惑（一）

小兰成绩很好，但是有一点做得很不好，就是不太喜欢与男生交往，有时对男生根本就不理不睬。平时班里面的集体活动也不太参加，总是一个人在教室埋头看书写字。渐渐地，班上的男生开始疏远小兰，见到小兰都要绕道走。背地里有人叫她"恐龙"，还有人叫她"冰山"。小兰很难过……

思考：小兰的做法正确吗？班里男生的做法恰当吗？小兰这时该怎么办？

小兰的困惑（二）

小兰去心理咨询室找知心姐姐谈心之后，决定改变自己。她变得开朗起来，却走向了另一个极端：整天跟男生打打闹闹、说说笑笑，甚至勾肩搭背、动手动脚的。背地里又有人在议论纷纷了，说她是"男人婆"，连老师都找她谈话要她注意一下自己的行为。小兰更加困惑了。

思考：小兰做错了吗？

我知道男生和女生良好相处，要注意以下几个方面哦！

①互相尊重，自重自爱。

②开放自己，掌握分寸。

③主动热情，注意方式、场合、时间和频率。

为了让班里的男生女生相处得更加和谐，拿起笔给班上的男生或者女生写几句话吧。

162

73 预防溺水

溺水事故严重危害我们的生命，我们要增强防范意识，珍爱生命，谨防溺水。

看一看

2011年5月28日，安徽省岳西县有4名留守儿童落水身亡。当时有5名儿童在滩涂玩耍，其中1人不慎落水，3名年龄稍大的儿童手拉手下水营救，结果都没能上来。事发后，当地政府在各村水域增设

说一说

哪里还发生过类似的惨剧，听到这些惨剧之后，你有怎样的感受？

议一议

该怎样预防溺水呢？

安全游泳小常识

第一，不会游泳的人，应在游泳技术高的人的指导下，先在浅水安全区内学习适应，然后逐渐向深水区过渡。不会游泳的人，即便带上救生圈、气垫床等辅助工具，也不要独自到深水处游泳，否则在遇到大风大浪等复杂情况时容易溺水。

第二，做体操等准备活动，要在离岸边不远的地方逐渐适应，不可离岸猛游远游，要留有后劲。

第三，心脏病、癫痫病、高血压等患者，不可到深水水域游泳，应在浅水安全区有专人照应的情况下，根据自己身体状况进行游泳活动。

第四，情况不明时，不要贸然游泳、跳水，因为有可能碰上残存的木桩、树根、蛤蜊皮、碎玻璃、铁刺、船锚、鱼网、尖石等。最好穿塑料鞋下水。如果跳水救人，要采用下蹲式跳入水中，以防受到伤害。

第五，云层较低时不要下水游泳，如此时正在游泳，应尽快撤离水面，以防雷击。不可在有漩涡的水域游泳，游泳时万一遇到漩涡，应采用自由泳或仰泳尽快避开漩涡区，切不可踩水，因为水面与身体垂直，极易被漩涡吸入水底而造成溺水。

第六，在大船附近游泳，至少要离开大船十米，否则容易被吸入船底。

74 防震减灾

防震减灾就是防御和减轻地震灾害。

读一读

地震是地壳运动的一种表现，即地球内部缓慢积累的能量突然释放而引起的地球表层的振动。

据统计，全世界每年发生地震大约500万次。其中，99%的地震很小，不用仪器便觉察不到，其余的1%才会被人们感觉出来。一般情况下，5级以上地震就能够造成破坏，习惯上称为"破坏性地震"，平均每年发生约1000次；7级以上强震平均每年发生18次；8级以上大震每年发生1—2次。

地球上90%的地震都是由于地壳的断裂造成的，这类地震被称为构造地震。此外，火山爆发可造成火山地震，洞穴坍塌可造成塌陷地震，水库蓄水可造成水库地震，人工爆破也可造成人工爆破地震。由于这些类型的地震数量少、能量小，形成的破坏程度也小，因此，我们要预防的主要是构造地震。

学一学

①在学校，地震来了的话，可以躲避在课桌下、讲台旁。靠近门的学生可以迅速跑到门外；中间及后排的同学尽快躲到课桌下，用书包护住头部；靠墙的同学紧靠墙根。要远离外墙、门窗，不要使用电梯，也不能跳楼。

②在野外，地震来了的话，可以到开阔平坦地避震，要尽量避开建筑物、高大树木以及山坡、河沟等地，以防滚石、泥石流、滑坡等。室外情况复杂，震时要注意观察，选择恰当的方法避险，避免意外伤亡。

③在公共场所，地震来了的话，不能跑进建筑物中避险，应避开广告牌、变压器等危险物，尽可能作好自我防御。要镇静，应该迅速离开电线杆和围墙，跑向比较开阔的地区躲避。

总之，地震来了的话，我们应该保持镇静，及时判别震动状况，切忌乱逃生。平时要熟悉地震知识，参加地震科普宣传活动，掌握基本的地震防御方法，震前震后都不要听信和传播谣言。

知识窗

　　我国地震区群众根据地震前动物异常反应编写了预报地震的歌谣：

　　　　震前动物有预兆，群测群防很重要。

　　　　牛羊骡马不进圈，猪不吃食狗乱咬。

　　　　鸭不下水岸上闹，鸡飞树上高声叫。

　　　　冰天雪地蛇出洞，大猫衔着小猫跑。

　　　　兔子竖耳蹦又撞，鱼朝水面乱蹦跳。

　　　　蜜蜂群迁闹哄哄，鸽子惊飞不回巢。

　　　　家家户户都观察，综合异常作预报。

　　总之，震前动物异常反应比较普遍，表现为烦躁、惊慌、不安、活动反常、不吃食、不进圈，有的萎靡不振表情傻呆。动物异常反应多集中在震前两三天至几分钟，以震前一天居多，以震中区最为集中。